KB141928

동물원에서 시작하는 사회탐구

일러두기

1. 이 저서는 2016년 대한민국 교육부와 한국연구재단의 지원을 받아 수행된 연구임.
(NRF-2016S1A6A4A01019828)

인간, 동물, 인공지능의 경계를 찾는 철학 배틀

동물원
에서 시작하는
사회탐구

김성환 지음

인간과 동물과
인공지능은 어떻게 다를까?

요즘 동물은 식물과 함께 우리 곁에 가까이 있습니다. 반려동물과 채식주의라는 이름으로요. 많은 사람이 반려동물과 감정을 섞고 대화를 나눕니다. 정말로 가능한 일일까요? 개, 고양이가 내 기분을 알고 내 말을 알아들을 수 있을까요? 개, 고양이도 기쁨과 슬픔을 느낄 수 있을까요?

반려동물과 함께 살면 아니라고 대답하기 힘들 겁니다. 생물학자 찰스 다윈Charles Darwin도 그렇다고 대답합니다. 그러나 철학자 르네 데카르트René Descartes는 아니라고 대답합니다. 현대 과학자들에게 물어보면 대답이 갈립니다. 철학이 끼어들 여지가 생깁니다. 논쟁이 있는 곳에 철학이 있으니까요. '마음'은 예나 지금이나 철학의 큰 주제입니다. 이 책은 현대 과학의 성과를 빌려 철학의 눈으로 동물의 마음을 관찰하고 해석하는 동물 철학서입니다.

동물의 마음은 척 보면 알 수 없습니다. 사람의 마음은 알 수 있어요. 내 속을 들여다보면 남의 속도 보이죠. 그러나 동물의 속은 알기 힘듭니다. 다른 동물이 되어 볼 순 없기 때문입니다. 그래도 과학자들은 실험실이나 야생에서 동물과 함께 오래 지내며 동물의 마음을 열심히 탐구하고 있습니다. 알 길이 보이니까 애쓰고 있죠. 우리도 이 책에서 과학자들의 도움을 받으며 동물의 마음에 한 걸음 한 걸음 다가갈 겁니다.

동물에게도 분명 마음 능력이 있습니다. 눈, 코, 귀, 혀, 살로 보고 냄새 맡고 듣고 맛보고 느끼는 감각 능력이요. 그러나 감각에는 의식하는 것과 의식할 수 없는 것이 있어요. 치과에서 마취한 이를 드릴로 갈면 고통을 의식할 수 없어요. 그럼에도 나도 모르게 얼굴 근육을 씰룩거리거나 신음소리를 내뱉어요. 생리학에서 고통 반응이라 부르는 거죠. 고통은 의식으로 느낄 수도 있고 의식으로 느끼지 못할 수도 있어요. 사람은 둘 다 가능해요. 동물은 둘 다 가능할까요? 지렁이가 밟히면 꿈틀하고 물고기가 물 밖에 던져졌을 때 파닥거리는 게 고통을 의식하기 때문일까요? 만약 그렇다면 어느 동물부터 고통을 의식할 수 있을까요?

의식 능력, 언어 능력, 마음 읽기 능력은 동물의 마음을 알기 위해 꼭 짚어 봐야 할 문제예요. 데카르트는 세 가지 능력이 동물에게 없다고 주장해요. 반면 다윈은 동물에게도 세 가지 능력이 조금씩 있다고 주장하죠. 이 책에서는 두 대가를 초청해 가상 대화 형식으로 동물의 마음 능력에 관한 세 가지 문제에 접근할 거예요. 대화 형식은 고대 그리스의 철학자 플라톤Platon의 《대화편》이래 근대 이탈리아의 과학자 갈릴레오 갈릴레이Galileo Galilei의 저서까지 책의 주된 서술 방식으로 사용되었어요. 갈릴레오는 관성 원리를 공식이 아니라 대화와 논쟁으로 설명했죠.

동물은 사람을 생각하게 만들어요. 반려동물과 사는 사람은 그 동물이 무엇을 원하는지 생각할 수밖에 없죠. 거꾸로 반려동물도 사람의 마음을 읽을 수 있을까요? 어려운 문제예요. 최대한 쉽고 재미있게 설명하려고 노력했어요.

동물을 보려고 동물원에 나들이를 갔어요. 놀며 생각하려고 했죠. 여기에 '동물원 철학 나들이'라고 거창한 이름을 붙였어요. 아예 생각하지 말고 놀자는 생각도 했어요. 재미는 일할 때가 아니라 놀 때 느끼니까요. 놀다 보면 사람은 천성 때문에 생각도 해요. 철학 공부를 나들이처럼 쉽게 하는 게 꿈이에요. 그

어렵다는 철학을 쉽게 하자는 말이에요. 이 책이 조금이나마 도와줄 거예요.

이 책은 동물 보호와 채식주의의 뿌리도 조금 캘 거예요. 채식주의는 동물 보호의 철저한 버전이에요. 채식주의자들이 육식을 잔인한 것으로 여기는 핵심 이유는 동물도 고통을 의식한다고 보기 때문이에요. 닭, 돼지, 소가 도살당할 때 고통을 느낀다고 잠시 상상해 보면 육식을 하는 사람도 마음 한 구석이 불편해질 거예요. 그러나 닭, 돼지, 소가 과연 인간처럼 고통을 의식할 수 있을까요? 우리가 고통을 의식하니까 동물도 고통을 의식한다고 생각하는 것은 우리의 공감 능력이 뛰어나다는 것을 증명할 뿐인지도 몰라요. 채식주의와 동물 보호를 정당화하려면 동물이 정말 고통을 의식할 수 있는지, 동물 마음과 인간 마음의 공통점과 차이점이 무엇인지를 생각해 봐야 해요.

인간, 동물, 인공지능AI, artificial intelligence의 경계 찾기는 시대의 화두가 될 겁니다. 인공지능 열풍이 강력하니까 인간과 인공지능의 경계 찾기에 동물이 슬쩍 끼어든 것처럼 보일지 몰라요. 천만의 말씀이에요. 인간과 동물의 경계 찾기라는 2,000여 년의 물음에 인공지능이 슬쩍 끼어든 거예요. 인간과 동물의 경계 찾기는 고대 그리스의 철학자 아리스토텔레스Aristoteles부터 시작되었고 인간과 기계의 경계 찾기는 근대의 데카르트부터 시작되었어요. 기계의 최첨단이 인공지능이다 보니 이제 인간과 인공지능의 경계 찾기가 시작된 거죠.

인간, 동물, 인공지능의 경계 찾기는 매우 중요합니다. 경계에는 차이점만 있는 게 아니라 공통점도 있어요. 인간과 인공지능의 공통점과 차이점을 찾다가 탄생한 것이 알파고예요. 그러나 아직 멀었어요. 인간의 마음 능력은 넓고 깊어요. 고통을 의식하는 능력, 새 문장을 창조하는 언어 능력, 남의 생각과 내 생각을 아는 능력 등 인간의 의식, 언어, 마음 읽기 가운데 인공지능이 어느 한 능력의 일부만이라도 구현할 수 있다면 완전히 새로운 세상이 펼쳐질 거예요. 그리고 인간의 넓고 깊은 마음 능력을 정확히 알려면 기계, 인공지능 이전에 인간과 동물의 경계 찾기를 해야 해요. 아리스토텔레스와 데카르트와 다윈이 간 길이죠. 인간과 동물의 경계에 인공지능의 열쇠가 있어요.

2019년 8월

김성환

차례

STEP 1 동물원으로 떠나는 철학 나들이

STEP 1

동물원으로 떠나는
철학 나들이

1.
철학 나들이가
뭘까?

"왜 동물원에 가세요?"

"동물 구경하려고요."

"왜 동물을 구경하세요?"

"재미있으니까요."

"왜 동물 구경이 재미있어요?"

"글쎄요. 평소에 못 보잖아요."

동물원에서 하는 철학 실험

'왜'를 묻는 학문이 있어요. 철학이에요. 철학은 '누가', '언제', '어디서', '무엇을', '어떻게'를 묻는 과학과 달라요. 예를 들어 과학은 사자가 언제 어디서 무슨 동물을 어떻게 사냥하는지를 다뤄요. 철학은 사자가 왜 사냥하는지를 다루죠.

사자가 왜 사냥을 하겠어요? 굶어 죽지 않으려고 하는 거죠. 그런데 사자가 사냥하는 또 다른 이유들도 있어요. 음식을 얻어서 달성하는 다른 결과도 많으니까요. 사자는 음식을 얻으면 무리를 유지할 수 있어요. 사냥은 수컷이 혼자 할 때도 있지만 주로 암컷들이 협동해서 해요. 그러니까 사자는 사냥으로 무리의 서열과 사회 질서를 유지해요. 이처럼 '왜'는 대답하기 어려운 질문이지만 대답을 얻으려고 노력하다 보면 생각을 많이 할 수 있어요.

저는 철학이 어렵고 재미없다는 편견을 깨고 싶었어요. 대학교에서 철학을 강의할 때 조는 학생이 많았어요. 그래서 철학을 쉽고 재미있게 이야기하려는 실험을 꾸준히 했어요. 대중음악으로 철학을 강의하기도 하고 스포츠를 끌어들이기도 했죠. 철

사자는 사냥을 주로 암컷들이 협동해서 해요.
사냥으로 무리의 서열과 사회 질서를 유지하죠.

학 나들이도 같은 실험이었어요. 강의실에만 있지 말고 밖으로 나가 구경하면서 철학 공부를 해 보자고 생각했어요. 철학 나들이를 처음 기획한 때는 2003년이에요. 대학생들과 자연 철학 나들이에 나섰어요.

철학 나들이의 3단계

철학 나들이에는 어제, 오늘, 내일의 세 단계가 있어요. 어제는 준비 단계, 오늘은 실행 단계, 내일은 마무리 단계예요.

1단계 : 준비하기

준비 단계의 핵심은 어디 가서 무엇을 보고 어떻게 이해할지 미리 계획하는 거예요. 2003년 첫 철학 나들이를 준비할 때는 자연을 볼 수 있는 장소를 골랐어요. 북한산이나 한강에 갈 수도 있었지만 그 넓은 곳에서 무엇을 어떻게 볼지 막연했어요. 그래서 대안으로 자연사박물관을 골랐어요.

'자연사自然史, natural history'에서 '사'는 기록, 기술을 뜻해요. 이

때의 기술은 기계를 만드는 원리가 아니라 서술하고 묘사한다는 뜻이고요. 영국의 철학자 프랜시스 베이컨Francis Bacon은 자연의 온갖 사물에 대한 기록, 기술, 지식을 얻고 모으는 자연사가 자연 철학의 기초라고 말했어요. 자연 철학은 과학의 옛 이름이죠.

첫 철학 나들이를 할 때 학생들이 팀을 나누어 몇 곳에 예비 나들이를 다녀왔어요. 당시 경희대학교 자연사박물관은 전시 자료에 이름조차 붙어 있지 않았어요. 국립어린이과학관 자연사 전시실은 공사 중이었고요. 이화여자대학교 자연사박물관이 적절한 장소로 꼽혔어요. 마침 〈벌레들의 행성〉이라는 특별 전시도 하고 있었어요.

우리는 '나비'를 집중 관찰할 대상으로 삼았어요. 무작정 가서는 안 되고 미리 공부하고 가야 눈에 보이는 게 있다고 생각했어요. 박물관에 전시되어 있는 표본을 중심으로 각종 나비의 특성, 나비의 진화, 나방 등에 대해 학생들과 미리 공부했어요.

2단계 : 실행하기

실행 단계의 핵심은 정해진 시간 안에 핵심 대상을 중심으로 관람하고, 궁금한 점은 현장 설명을 맡은 팀원에게 묻고 대답을 듣는 겁니다.

많은 질문과 대답이 나왔어요.

"누에는 나비일까요, 나방일까요? 누에고치 속 실 덩어리는 얼마나 긴가요?"

"누에는 누에나방의 애벌레입니다. 누에 실 덩어리는 한 줄인데 약 1킬로미터나 되죠."

대답할 수 없는 질문도 있었습니다.

"부전나비, 팔랑나비, 왕나비, 제비나비, 굴뚝나비……, 도대체 우리나라의 나비 이름은 왜 이렇게 지어졌을까요?"

"나비 박사라 불리는 석주명이 나비 이름을 많이 지었는데요. 왜인지는 잘……."

답하지 못한 문제는 숙제로 남았습니다.

저는 학생들이 묻지 않았지만 철학적인 질문과 대답을 자청했습니다.

"나비가 왜 번성했을까요? 나비는 꽃과 협동 관계를 유지하기 때문에 번성했다고 해요. 그러나 나비가 꽃에서 꿀을 얻고 꽃가루를 다른 꽃에 묻혀 주는 협동 관계가 맺어지기까지 나비들 사이에 치열한 생존 경쟁이 있었어요. 생물이 처음 지구에 나타난 뒤 지금까지 멸종한 종이 생존한 종의 평균 4~5배입니

나비와 꽃의 협동 관계가 맺어지기까지
나비들 사이에 치열한 생존 경쟁이 있었어요.

다. 협동은 경쟁의 산물이죠."

3단계 : 마무리하기

후속 작업 단계의 핵심은 나들이 보고서를 작성하는 겁니다. 나들이는 답사라고도 하는데요. 답사는 단체로 하는 경우 반드시 두 가지 후속 작업이 필요해요. 하나는 돈 계산이에요. 수입과 지출을 기록해 투명하게 공개해야 해요. 또 하나는 보고서를 만드는 겁니다. 보고서를 만들지 않으면 나들이를 해도 제대로 한 게 아니에요. 중요한 내용은 사진으로도 담아서 보고서에 넣어야 해요.

첫 나들이 보고서는 사전 공부와 현장 설명을 나누어 맡은 팀별로 질문과 대답, 숙제까지 포함해 보고서를 내고 제가 종합해서 의견을 줬어요.

동물원 철학 나들이, 어떻게 해야 할까?

'철학'이라는 말을 들으면 골치부터 아파지나요? 철학philosophy

은 그리스어 '사랑하다philos'와 '지혜sophia'의 합성어로, 순우리 말로는 '지혜 사랑'이에요. 삶의 지혜, 슬기를 뜻하죠. 그러니 철학이라는 말에 손사래 치지 마세요. 누구에게나 삶의 지혜와 슬기는 필요할 테니까요.

동물원에서 관람객이 한 동물 앞에 머무는 시간은 평균 30초도 되지 않는다고 해요. 사람이 30초 동안 남들에게 보여 줄 수 있는 모습은 얼마나 될까요? 30초짜리 광고에는 열 가지 이상의 장면이 담기기도 해요. 그러나 일상생활에서 30초는 금방 지나가요. 밥 먹으려고 첫술을 떼기만 해도 지나가죠.

주말이면 많은 관람객이 몰려 사람으로 북적이지만 동물원의 주인은 어디까지나 동물입니다. 동물원은 동물들이 일상생활을 하는 곳이죠. 어쩌다 동물이 특별한 모습을 보이면 운 좋다고 생각해야 합니다. 그나마도 30초 관람으로는 어림없어요.

동물원 철학 나들이에도 세 단계가 있습니다. 준비 단계의 핵심은 어느 동물원에서 무엇을 보고 어떻게 이해할지 미리 계획하는 거예요. 서울에서는 과천의 서울대공원 동물원과 능동의 서울어린이대공원 동물원 중에 선택하면 됩니다. 그리고 동물의 마음을 이해하는 데 적합한 동물을 주요 관찰 대상으로 정해야 합니다. 아무래도 사람과 가까운 유인원, 즉 침팬지, 고릴라,

동물원에서 어쩌다 동물의 특별한 모습을 봤다면
운 좋다고 생각해야 합니다.

오랑우탄이 주요 대상이죠. 넷째 유인원 종인 보노보는 우리나라의 동물원에 없어요. 유인원의 마음 능력, 예를 들어 감정, 언어, 이성 등에 대한 연구 성과는 미리 조금이나마 공부하고 가는 게 좋아요. 이 책이 도움을 줄 겁니다.

실행 단계의 핵심은 예비 나들이와 실전 나들이를 나누어 진행하는 겁니다. 동물이 아무리 좋더라도 허구한 날 동물원에서 살 순 없어요. 그러나 단 한 번의 방문으로는 어림없죠. 예비 나들이는 미리 공부하고 가면 좋지만 그냥 가도 됩니다. 관찰 기록은 꼭 남겨야 해요. 사진이나 동영상을 찍고 관찰 사실을 녹음한 뒤 집에 돌아와 녹취록을 만들면 좋아요.

한두 번의 나들이로 유인원의 마음 능력에 관해 의미 있는 장면을 보기는 어려워요. 전문 연구자도 날마다 많은 시간을 들여 관찰하는데 아마추어인 우리가 획 관람한다고 쉽게 볼 수 있을 리 없죠. 침팬지면 침팬지, 고릴라면 고릴라 앞에서 적어도 한 시간 이상 죽치고 있을 작정을 해야 합니다. 얼굴을 구별하는 일부터 시작하는 게 좋아요. 고릴라는 코 무늬가 사람의 지문처럼 서로 달라요. 오랑우탄은 나이가 들수록 볼살이 처지죠. 동물의 모습이나 행동을 유심히 관찰하고 기록해야 합니다.

마무리 단계의 핵심은 관찰 기록을 해석하고 숙제를 풀어 나

사람과 가까운 유인원이 주요 관찰 대상입니다.
넷째 유인원 종인 보노보는 우리나라의 동물원에 없어요.

들이 보고서를 쓰는 겁니다. 인터넷, 전문 서적 등을 이용해 정보를 찾고, 사육사, 전문가, 연구자의 조언도 받을 수 있으면 아주 좋아요. 그리고 다시 동물원으로 가야 합니다. 한 번이라도 더 가야 하나라도 더 볼 수 있어요. 이렇게 해서 관찰 기록과 해석, 숙제 풀이가 모이면 보고서를 씁니다.

2.

동물원으로
출발!

저는 2016년 과천에 있는 서울대공원 동물원으로 동물원 나들이를 떠났습니다. 유인원을 조금이라도 더 보고 싶어서 서울어린이대공원 동물원도 다녀왔습니다. 서울어린이대공원에는 침팬지가 한 마리 있었어요. 철장 속에 갇혀 있는 침팬지의 모습을 보니 동물원이 꼭 동물 감옥 같았어요.

침팬지는 1995년생 수컷으로, 암컷이 나이 들어 죽고 자식이 없어서 혼자예요. 구석진 곳에 앉아 있는 시간이 많죠. 가끔 철장에 매달리고 머리를 좌우로 흔들어요. **침팬지도 우울증이나**

틱 장애에 걸릴 수 있을까요? 나중에 전화로 사육사에게 물었고, 침팬지는 건강하다는 대답을 들었어요. 정말일까요?

침팬지도 우울증을 앓는다고?

침팬지가 철장에 매달려 머리를 좌우로 흔드는 것은 '정형 행동stereotypic behavior'일 수 있어요. 정형 행동은 대부분 뇌에 이상이 생겨서 발생해요. 우울증이나 틱 장애도 뇌 기능 이상으로 생기죠. 침팬지가 머리를 흔드는 행동은 우울증이나 틱 장애에 따른 정형 행동이라 볼 수 있어요. 동물도 정신 질환에 걸릴 수 있어요.

침팬지는 꼼짝 않고 앉아 있어요. 그렇게 지루한 시간이 흐르다가 돌발 사건이 일어나요. 어느 관람객이 침팬지 우리의 천장 위로 바나나를 던진 거예요. 동물에게는 자판기에서 파는 먹이만 줄 수 있는데 관람객이 규정을 어긴 거죠. 침팬지는 팔을 길게 뻗어 창살을 잡고 천장으로 올라가요. 철장 사이로 바나나를 빼서 꼭지만 남기고 껍질까지 통째로 먹어요. 구석진 곳에서 가만히 앉아만 있던 침팬지는 먹이에 적극적으로 반응해요.

침팬지는 음식이나 배설처럼 생존에 관련된 것 말고 다른 데는 관심이 없을까요? 침팬지는 어떤 생각을 할 수 있을까요? 일본원숭이가 바나나를 든 관람객을 향해 박수를 치고 손을 내미는 것은, 박수를 치면 바나나를 줄 것이라고 계산하고 예측한 행동으로 볼 수 있어요. 그렇다면 일본원숭이는 계산과 예측이라는 이성의 기본 능력을 가지고 있는 거예요. 일본원숭이보다 뇌가 큰, 정확하게는 뇌 무게와 몸무게의 비율이 더 큰 침팬지에게도 계산과 예측 능력, 이성이 있다고 볼 수 있죠.

그러나 아리스토텔레스가 사람을 이성적 동물이라고 부른 이래 이성은 사람을 다른 동물과 구별해 주는 특성이라고 여겨졌어요. 사람만이 이성을 지닌다는 뜻이죠. 과연 사람 말고 다른 동물에게도 이성이 있을까요? 동물의 이성은 동물의 감정, 동물의 언어와 함께 이 책에서 핵심적으로 다룰 문제예요. 앞으로 차근차근 살펴볼 거예요.

침팬지는 음식이나 배설처럼 생존에 관련된 것 말고
다른 데는 관심이 없을까요?

일본원숭이는 왜 자꾸 박수를 칠까?

침팬지 우리 옆에 있는 여러 종의 원숭이도 몇 가지 특이한 모습을 보여 줘요. 음식에 대한 관심은 망토원숭이도 강해요. 관람객이 어느 수컷 망토원숭이 앞에서 바나나를 꺼내 들자 다른 수컷 망토원숭이가 득달같이 달려와 그 자리를 빼앗아요. 서열 관계를 확인시키는 행동이죠. 짓궂은 관람객이 옆 우리에 있는 일본원숭이에게 바나나를 던져 주자 우두머리 망토원숭이는 일본원숭이에게 소리를 질러 대요. 우리 사이에 벽이 있어서 일본원숭이는 망토원숭이를 볼 수 없지만 소리만 듣고도 알아차리고 먹이를 챙겨서 도망쳐요. 일본원숭이는 망토원숭이보다 덩치가 작아요.

관람객이 망토원숭이 암컷과 우두머리 수컷 사이에 바나나를 던져 주니까 우두머리 수컷이 암컷을 위협하고 바나나를 먹어요. 다시 바나나를 던져 주자 암컷이 받아먹지만 그 후 **암컷은 우두머리 수컷을 향해 엉덩이를 내밀고 우두머리 수컷은 암컷의 엉덩이를 만지고 맛보는 듯한 행동을 해요. 무슨 의미일까요?**

암컷 망토원숭이가 우두머리 수컷을 향해 엉덩이를 내미는

망토원숭이를 볼 때 누가 우두머리인지 찾아보세요.
음식을 독차지하려는 망토원숭이가 우두머리예요.

것은 사과의 뜻이고, 우두머리 수컷이 암컷의 엉덩이를 만지는 것은 사과를 받아들인다는 뜻일 가능성이 있어요. 짧은꼬리원숭이도 다른 원숭이에게 엉덩이를 내밀어 사과를 표시하고 다른 원숭이는 그 엉덩이를 붙잡아 사과를 받아들여요. 사람에게는 엉덩이를 내미는 게 놀리는 행동이지만 원숭이는 정반대죠. 우두머리가 암컷의 엉덩이에 입을 대고 맛보는 듯한 행동을 하는 것은 무엇 때문인지 알 수 없어요. 입으로 맛을 보는 게 아니라 코로 냄새를 맡는 것일 수도 있어요. 냄새를 맡는 것은 서열을 확인하는 거고요.

일본원숭이는 관람객이 바나나를 꺼내 들자 박수를 짝짝짝 치며 한 손을 내밀어요. '나는 바나나를 원한다. 박수를 쳐 줄 테니 바나나를 다오' 이렇게 말하는 듯해요. **일본원숭이에게 '바나나를 원한다'라는 욕망, 관람객에게 잘 보이려는 의도 같은 마음 능력이 있을까요?**

일본원숭이의 박수 치는 행동은 원숭이에게도 사람처럼 욕망, 의도 같은 마음 능력이 있다고 가정하면 설명하기 쉬워요. 바나나를 먹고 싶은 욕망, 관람객에게 잘 보이려는 의도 때문에 일본원숭이가 박수를 치고 손을 내민다고 설명할 수 있기 때문이죠. 그러나 일본원숭이의 행동은 욕망, 의도 같은 마음 능력을 가정하지 않고 설명할 수도 있어요. 예를 들어 실험실의 흰 쥐는 페달을 밟을 때마다 음식이 나오면 계속 페달을 밟습니다. 이를 '연합 학습associative learning'이라고 불러요. 연합 학습은 특정한 자극과 특정한 반응이 되풀이되면 둘이 결합해 있다고 학습하는 겁니다. 연합 학습은 마음 능력이 없어도 가능해요. 예를 들어 어떤 벌은 독벌레를 먹지 않는 연합 학습을 할 수 있어요. 일본원숭이의 행동도 일본원숭이가 수많은 관람객을 만나면서 박수를 치고 손을 내밀면(자극) 사람이 먹이를 건넨다고(반응) 연합 학습을 한 것으로 설명할 수 있어요.

검은손기번은 왜 손가락을 빠는 걸까?

실내 우리에 있는 검은손기번들은 특이하게 높은 곳에서 오줌을 누는 배설 행동을 보여 줘요. 또 암컷 검은손기번은 손가락을 계속 빨아요. **왜 검은손기번은 높은 곳에서 배설하고, 손가락을 빠는 걸까요?**

검은손기번이 높은 곳에서 배설하는 것은 나무 위에서 생활

검은손기번이 손가락을 빠는 것은
정형 행동일 가능성이 큽니다.

하는 습성 때문이에요. 영장류는 포식자를 피해 나무 위에서 살아요. 긴팔원숭이의 한 종인 검은손기번도 마찬가지죠. 영장류는 나무 위에서 먹고 자고 싸는 것이 안전합니다.

검은손기번이 손가락을 빠는 것은 침팬지가 머리를 좌우로 흔드는 것처럼 정형 행동일 가능성이 큽니다. 정형 행동은 목적 없이 계속 되풀이하는 이상 행동이에요. 자연 상태가 아닌 사육 상태의 동물, 특히 동물원 동물에게서 많이 나타납니다. 좁은 사육 공간, 놀이 부족, 체험 행사 등에 의한 스트레스가 원인이죠. 사육사에게 문의하니 검은손기번이 손가락을 빠는 건 어릴 때부터 하던 습관이라고 답했습니다. 이상 행동이라고 실토하기는 어려웠을 겁니다.

전 세계적으로 동물원의 동물은 정형 행동을 보이는 경우가 많기 때문에 동물원에서 치유 프로그램을 운영하기도 합니다. 단조로운 행동에서 벗어나게 한다는 뜻에서 '동물 행동 풍부화 프로그램animal behavioral enrichment program'이라고 부릅니다. 이 프로그램은 서울대공원 동물원에는 있지만 서울어린이대공원 동물원에는 없어요.

왜 항상 모여서 털 고르기를 하지?

2016년 10월 초 서울대공원 동물원에 갔어요. 오랑우탄과 침팬지는 야외 방사장에 있었지만 우리나라에 하나뿐인 고릴라는 방사장 공사 때문에 다른 곳에 가 있었습니다. 실내 사육장으로 돌아오는 시간까지 기다려 고릴라를 만났지만 고릴라가 1층에서 배추 몇 조각을 집어먹고 2층으로 올라가는 바람에 오래는 보지 못했어요.

오랑우탄 암컷 한 마리는 지상 3미터쯤 높이에 지은 원두막 같은 곳에 있다가 줄을 타고 내려와요. 경사진 풀밭을 이리저리 별일 없이 거닐다가 실내 사육장에 들어가요. 암컷 오랑우탄과 수컷 오랑우탄이 서로 떨어져 제각기 플라스틱 생수 병에 든 물을 마셔요. 암컷은 수컷에게 다가가 약 5분 동안 머리털을 헤집고 벌레를 잡으며 털 고르기를 해요.

털 고르기는 영장류의 대표적인 사회 행동이에요. 털 속에 있는 이, 벼룩 따위를 솎아 주는 털 고르기는 영장류 개체들이 서로 싸우지 않고 평화롭게 공존하는 중요한 수단이에요. 그리고 영장류가 서로 서열을 알아본다는 것을 뜻합니다.

개코원숭이는 야생에서 약 100마리까지 무리를 지어 살고 암컷이 지배하는 모계 사회를 형성합니다. 암컷의 서열은 두 가지 요소, 즉 어느 모계 가족에 속하느냐와 그 안에서 출생 순서가 몇 번째냐에 따라 결정됩니다. 서열은 누가 무엇을 먹고 어디에 앉을지, 누구와 털 고르기를 하고 짝짓기를 할지, 누구의 새끼를 돌볼지 등을 결정해요.

오랑우탄과 침팬지의 털 고르기도 서열 관계에 따릅니다. 그렇다면 오랑우탄이나 침팬지는 무리 속에서 자기 서열을 아는 일종의 '자기 앎self-awareness'을 가진다고 볼 수 있어요. 자기에 대한 앎은 거창한 것이 아니에요. 내 몸이 내 것인 줄 아는 것도

개코원숭이는 야생에서 모계 사회를 형성합니다.
암컷의 서열은 누구와 털 고르기를 하고 짝짓기를 할지 등을 결정해요.

자기 앎이죠. 남과 내가 사회를 이뤘을 때 그 속에서 내 지위를 아는 것도 자기 앎이고요. 내가 무슨 생각을 하는지 아는 것도 자기 앎이에요.

그렇다면 오랑우탄, 침팬지를 비롯한 영장류의 털 고르기는 영장류가 자기 몸과 자기 지위에 대한 자기 앎을 가진다는 것을 보여 줘요. 영장류뿐 아니라 제 몸을 먹지 않는 모든 동물은 자기 몸이 자기 것이라는 걸 알아요. 그리고 영장류는 자기가 무리 속에서 누구와 털 고르기를 해야 하는지를 알죠. 영장류는 자기의 사회 지위를 압니다.

그러나 사람 외의 영장류 또는 유인원이 자기 생각도 알 수 있는지는 불분명해요. 사람은 침팬지 앞에 서서 '둘이 털 고르기를 하는구나'라고 생각하면 10초 뒤에 자신이 10초 전에 무슨 생각을 했는지 알아요. '둘이 털 고르기를 하는구나'라고 생각했다는 것을 알죠. **그렇다면 침팬지도 10초 전에 자기가 무슨 생각을 했는지 알 수 있을까요?**

자기 생각을 포함해 남의 생각을 아는 능력을 '마음 이론 theory of mind'이라 불러요. 여기서 '이론'은 학설이 아니라 능력을 뜻해요. 이론은 의견, 생각이라는 뜻도 있어요. 사람은 마음 이론, 즉 마음 읽기 능력을 가지고 있어요. 침팬지나 오랑우탄도

마음 이론을 가지고 있을까요? 이 문제는 뒤에서 동물의 이성
과 관련해 더 깊이 다룰 겁니다.

오랑우탄은 왜 옷을 입었다 벗었다 할까?

오랑우탄이 보여 준 특이한 모습이 한 가지 있어요. 오랑우탄의
실내 사육장에는 사람이 입는 줄무늬 반팔 셔츠가 하나 있는데
요. 수컷 오랑우탄 한 마리가 셔츠를 마치 사람처럼 두 팔로 벌
려서 입으려 해요. 오랑우탄은 셔츠 속으로 쉽게 머리를 넣지
못하지만 3분쯤 걸려 기어이 고개를 넣고 두 팔도 넣어서 입어
요. 셔츠를 내려 몸통을 덮지는 못하죠. 그런데 1분도 지나지 않
아 오랑우탄은 다시 셔츠를 벗어요. 그리고 또다시 셔츠를 두
팔로 쫙 늘이며 머리를 집어넣으려 애써요. 마치 셔츠로 옷 입
기 놀이를 하는 듯해요.

오랑우탄에게는 도구를 사용하는 능력이 있을까요? 옷은 몸을
보호하는 일종의 도구예요. 오랑우탄, 침팬지에게 도구 사용 능
력이 있다는 사실은 널리 알려져 있어요. 아프리카에서 침팬지

를 오래 연구한 영장류학자 제인 구달Jane Goodall은 침팬지에게 도구 사용 능력뿐 아니라 도구 제작 능력도 있다고 말해요. 침팬지는 나뭇가지를 꺾어 잔가지를 떼어 낸 뒤 흰개미 굴에 찔러 넣어요. 그리고 나뭇가지에 달라붙어 나온 흰개미들을 잡아먹어요. 침팬지는 나뭇잎 한 줌을 입에 넣고 잠시 씹다가 뱉어서 나무에 있는 작은 구멍 안으로 밀어 넣기도 해요. 그리고 나뭇잎 덩어리에 물이 흡수되면 나뭇잎을 꺼내서 그 물을 빨아먹어요. 나뭇잎을 마치 스펀지처럼 사용하는 거예요. 침팬지는 도구를 사용할 뿐 아니라 만들 줄도 알아요.

도구를 만들고 사용하기 위해서는 계산과 예측을 해야 해요. 침팬지는 나뭇가지에서 잔가지를 떼어 내면 흰개미 굴에 찔러 넣을 수 있다고 계산하고, 그렇게 하면 나뭇가지에 흰개미들이 들러붙을 거라고 예측한 거예요. 또 나뭇잎을 씹어 놓으면 물이 더욱 잘 흡수된다고 계산하고, 씹은 나뭇잎을 나무의 구멍 속에 넣으면 물을 흡수할 거라고 예측한 거죠. 계산과 예측은 이성의 기능이에요. 침팬지가 도구를 만들고 사용한다는 것은 침팬지에게 이성이 있다는 증거가 될 수 있어요.

오랑우탄이 셔츠를 입었다 벗는 것도 도구를 사용하는 것으로 볼 수 있어요. 도구는 셔츠를 만드는 실이나 바늘에 국한되

오랑우탄도 침팬지처럼
나뭇가지를 도구 삼아 흰개미를 잡아먹어요.

지 않아요. 사람이 일할 때 옷을 입는다면 옷도 일하는 데 쓰이는 도구라고 볼 수 있어요. 노동 수단이죠. 줄무늬 반팔 셔츠가 오랑우탄에게 노동 수단인가 하는 점에 대해서는 애매한 구석이 있어요. 오랑우탄은 먹이를 구하려고 셔츠를 입는 게 아니라 심심풀이로 셔츠를 입었다 벗었다 하는지도 몰라요. 놀이 도구로 사용하는 것이죠. 이때도 역시 계산과 예측 능력이 필요해요. 오랑우탄은 셔츠를 보며 심심함을 달래 주는 도구라고 계산하고, 셔츠를 가지고 놀면 재미있을 거라고 예측한 것일 수 있어요. 그렇다면 오랑우탄이 셔츠 놀이를 하는 것도 오랑우탄에게 이성이 있다는 증거가 될 수 있어요.

침팬지는 부끄러움을 전혀 모를까?

서울대공원 동물원에는 암수 두 마리의 침팬지가 있어요. 두 침팬지는 야외에서 서로 털 고르기를 해요. 야생에서 침팬지, 오랑우탄을 비롯한 영장류의 털 고르기는 서열 관계에 따라요. 누가 누구와 털 고르기를 할지 서열에 의해 정해져요. 그러나 서울대공원 동물원의 사육장에는 침팬지가 한 쌍밖에 없어서 암컷과 수컷이 서로 털을 골라 줘요. 털 고르기로 여러 마리의 서열 관계를 관찰할 여지가 없어요.

야생에서 침팬지나 오랑우탄이 서열 관계를 알아본다는 것은 자기의 서열을 안다는 것을 의미해요. 침팬지나 오랑우탄은 일종의 자기 앎을 가질 수 있을까요?

침팬지 수컷은 바위를 두 손으로 붙잡고 스트레칭을 하듯이 몸을 낮게 쭉쭉 뻗어요. 방사장의 구조물에 매달려 있는 줄 위에 앉아 그네처럼 타기도 하죠. 풀밭 위에 앉아 벌레를 찾는 듯 손으로 마른 풀을 뒤지기도 해요. 주위에 흩어져 있는 나무 막대기를 잡아 보기도 하지만 손놀림이 서툴러요. 막대기를 오래 쥐고 있지도 않고, 풀을 뒤지는 데 이용하지도 않아요.

수컷 침팬지는 다리를 쫙 벌리고 성기를 노출한 상태에서 가만히 앉아 있거나 그 자세로 오줌을 누기도 해요. **침팬지는 부끄러움을 느끼지 못할까요?**

침팬지들은 술래잡기를 자주 해요. 암컷이 도망치고 수컷이 쫓아가요. 암컷이 어찌나 빠른지 수컷이 도저히 잡지 못해요. 둘 다 팔다리를 능란하게 사용해 방사장의 구조물을 빠르게 넘나들어요. **침팬지들에게 놀이는 어떤 의미가 있을까요?**

침팬지가 성기를 노출하는 것은, 그리고 누가 보건 말건 오줌을 누는 것은 부끄러움을 느끼지 못하기 때문일까요? 부끄러움은 감정이에요. 적어도 이런 노출이나 배설에 대해서는 부끄러움을 느끼지 않는다고 볼 수 있어요. 그렇다면 다른 경우에는 침팬지가 부끄러움 또는 다른 감정을 느낄 수 있을까요? 동물이 감정을 느낄 수 있는가에 대한 논의는 이 책에서 다룰 세 가지 문제 가운데 하나예요. 뒤에서 더 자세히 살펴볼 겁니다.

일본원숭이, 침팬지, 오랑우탄에게는 이성이 있을까?

동물의 이성과 관련해서는 다음 세 가지 질문을 던질 수 있어요.

첫째, 일본원숭이의 박수 치기는 계산과 예측 능력이 있다는 증거일까?

둘째, 오랑우탄의 셔츠 놀이는 도구를 사용하는 능력이 있다는 증거일까?

셋째, 오랑우탄과 침팬지의 털 고르기는 자기 앎의 증거일까?

하나씩 답을 구해 볼게요. 일본원숭이가 박수를 치는 행동은 아무 생각 없이 학습한 것일 수 있어요. 박수를 치면 사람이 먹이를 준다고 이성적으로 계산하고 예측해서 하는 행동이 아닐 수 있다는 뜻이죠. 학습은 이성 이전에 몸으로 할 수 있어요. 더 정확하게 말하면 학습은 뇌의 계산하고 예측하는 기능, 곧 이성을 담당하는 부위가 진화하지 않아도 이뤄질 수 있어요.

뇌에서 이성을 담당하는 부위는 사람의 경우 톡 튀어나온 앞이마의 대뇌 부위, 전전두엽이라 부르는 부위예요. 몸으로 하는 학습은 어떤 행동을 하면 어떤 반응이 나온다는 것을 아는 학습, 어떤 행동과 어떤 반응이 연결되어 있다는 것을 아는 연합 학습이에요. 그리고 연합 학습은 뇌간과 척수가 담당해요. 뇌간은 뇌에서 대뇌와 소뇌를 제외한 중뇌, 연수 등을 합친 부위고, 척수는 등뼈 속의 신경세포예요.

일본원숭이뿐 아니라 침팬지도 뇌가 발달했지만 사람처럼 앞이마가 톡 튀어나올 정도로 전전두엽이 발달하진 않았어요. 그러니까 일본원숭이, 침팬지, 오랑우탄에게 이성이 있다고 확실하게 말할 순 없어요. 오히려 이들의 행동은 전전두엽이 필요한 이성의 산물이 아니라 뇌간과 척수로 하는 연합 학습의 산물이라고 보는 게 적합해요.

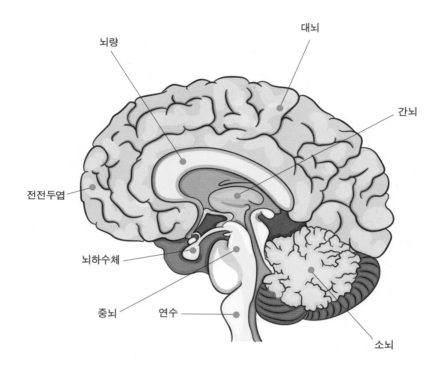

뇌량

대뇌

간뇌

전전두엽

뇌하수체

중뇌   연수

소뇌

연합 학습은 중뇌, 연수 등을 합친 부위인 뇌간과
등뼈 속의 신경세포인 척수가 담당해요.

일본원숭이도 뇌가 발달했지만
사람처럼 앞이마가 톡 튀어나올 정도로 전전두엽이 발달하진 않았어요.

① 오랑우탄을 볼 때

오랑우탄의 볼살이 얼마나 처졌는지 살펴보세요. 나이가 들수록 많이 처져요. 오랑우탄이 실내 사육장에서 무엇을 하는지도 관찰해 보세요.

② 침팬지를 볼 때

침팬지들이 털 고르기를 하는지, 털 속에서 벌레를 찾아 먹기도 하는지 보세요. 침팬지들이 무엇을 하고 노는지도 살펴보세요.

③ 개코원숭이를 볼 때

누가 우두머리인지 찾아보세요. 나머지 개코원숭이의 서열도 관찰해 보세요. 야생에서 개코원숭이들의 서열은 모계를 따라요. 서열이 높은 암컷의 전 가족이, 서열이 낮은 암컷의 전 가족보다 서열이 높다고 알려져 있어요.

왜 침팬지는 사람에게 관심이 없을까?

왜 침팬지는 일본원숭이와 달리 관람객에게 별로 관심이 없을까요? 침팬지가 일본원숭이보다 똑똑하기 때문이라고 볼 수도 있어요. 서울대공원 동물원에서 만난 어른 침팬지와 어른 오랑우탄도 관람객에게 별 관심이 없어요. 하지만 어린 침팬지(6세)와 어린 오랑우탄(5세)은 관람객에게 큰 관심을 보여요. 그렇다면 어른 침팬지와 어른 오랑우탄도 어릴 때는 관람객에게 관심을 보였지만 자라면서 관심을 거둔 것이라고 볼 수 있어요.

많은 동물은 사람처럼 학습 능력을 가지고 있어요. 나비나 나방 같은 곤충도 독이 든 벌레를 먹지 않는 학습 능력이 있죠. 일본원숭이도 먹이를 달라고 재촉하는 행동을 학습하잖아요. 박수를 치는 행동도, 창살을 두드리는 행동도 학습하죠. 침팬지와 보노보는 심지어 사람이 하는 말을 이해한다는 연구 결과도 있어요. 그러니까 어른 침팬지와 어른 오랑우탄이 관람객에게 관심을 보이지 않는 것도 학습의 산물이라 할 수 있어요.

어른 침팬지와 어른 오랑우탄의 무관심은 관람객에게 관심을 보여도 얻을 게 없다고 생각하기 때문에 나온 행동으로 볼 수도 있어요. 먹이는 사육사가 주니까 충분해요. 그렇다면 어른 침팬지와 어른 오랑우탄은 우선 '관람객에게 관심을 보여도 얻을 게 없다'고 생각할 수 있어야 해요. 그러나 아무 생각 없이 이런 행동을 학습하는 것도 가능해요.

사람은 아무 생각 없이 학습할 수 있는 게 많아요. 예를 들어 수영하는 법이나 자전거 타는 법 등은 곰곰이 생각하고 배우는 것 같지만 어느 순간 몸으로 터득해요. 수영하는 법이나 자전거 타는 법은 팔 동작, 다리 동작을 어떻게 하라고 배우고 또 배운 걸 생각하며 연습하지만 처음에는 잘하지 못하다가 어느 순간 터득해요. 그러니까 학습 능력이 있다는 것은 생각하는 능력이 있다는 확실한 증거가 아니에요.

침팬지가 관람객에게 관심을 보이지 않는 건 학습의 산물이라 할 수 있어요. 그러나 침팬지가 관람객에게 관심을 보여도 얻을 게 없다고 생각하기 때문에 이런 행동을 학습한 거라 확신할 순 없어요. 마치 우리가 수영하는 법이나 자전거 타는 법을 아무 생각 없이 몸으로 익히는 것처럼 침팬지가 오랫동안 관람객을 마주하면서 관람객에게 관심 보이지 않는 법을 몸으로 익힌 것일 수 있어요.

침팬지가 왜 똥을 먹을까?

비 오는 날 동물원의 동물들은 어떻게 지낼까요? 2018년 서울대공원 동물원을 다시 찾았어요. 봄비가 부슬부슬 내려요. 동물원 입구에 반가운 플래카드가 걸려 있어요.

"아기 침팬지가 태어났어요. 이름을 지어 주세요."

침팬지 우리부터 찾아가요. 아기 침팬지는 보이지 않아요. 엄마 침팬지와 아빠 침팬지, 그리고 1년 반 전에는 없던 침팬지 한 마리가 더 있어요. 나중에 알아보니 이 침팬지는 2010년 태어난 아들 침팬지예요. 아마 적응기를 거치느라 실내 사육장이나 다른 곳에서 지내다가 잘 자라서 엄마, 아빠 침팬지와 합류한 것 같아요. 아기 침팬지를 보러 실내 사육장에 가요. 하지만 보이지 않아서 다시 야외 방사장으로 향해요.

비 오는 날 침팬지 세 마리는 모두 야외 방사장의 침팬지 타워라 불리는 높은 사다리 구조물에 여기저기 흩어져 있어요. 그런데 수컷 침팬지가 특이한 행동을 해요. 손으로 자기 똥을 받아 입으로 갖다 대고 먹는군요. 관람객이 기겁하며 소리를 질러요. 침팬지와 고릴라에게는 자신의 배설물을 먹는 습성이 있어요. 여러 가지 이유가 있다고 하는데요. 먹이가 충분하지 않아서일 수도 있고, 배설물에서 영양분을 최대한 뽑아내려는 행동일 수도 있어요. 소화를 돕는 박테리아와 효소를 재활용하기 위해 자기 배설물을 먹는다고도 해요.

동물에게는 자신의 배설물이 안심할 수 있는 환경의 징표예요. 그래서 여러 동물이 배설물로 영역 표시를 하죠. 자기 배설물을 먹는 서울대공원 동물원 수컷 침팬지의 습관은 오래된 것 같아요. 2011년 같은 행동을 하는 장면이 담긴 영상을 인터넷에서 봤거든요.

침팬지는 왜 담요를 끌고 다닐까?

서울대공원 동물원의 침팬지들은 서울어린이대공원 동물원의 침팬지보다 활동량이 많아요. 사육장도 넓고 타워 같은 기구도 있기 때문이겠죠. 또 아무래도 혼자보다 여럿이 있을 때 움직임이 많은가 봐요.

침팬지 타워에는 담요가 있어요. 침팬지가 갖고 놀 수 있게 사육사가 넣어 준 여러 물건 중 하나예요. 아빠 침팬지가 담요를 깔고 누워요. 야생에서는 침팬지들이 나무 위에 나뭇잎과 나뭇가지로 잠자리를 만들어요. 조금 있다가 아들 침팬지는 아빠가 담요에 관심을 안 보이자 잽싸게 담요를 들고 높은 다리에 올라가서 놀아요. 담요를 질질 끌며 마치 왕복 달리기를 하듯이 높은 다리 위를 여러 차례 달려서 왔다 갔다 해요. 고소공포증은 없는 것 같아요.

사육사들은 동물원 동물들의 스트레스를 줄이기 위해
담요, 플라스틱 통, 공 등을 동물사에 넣어 줘요.

침팬지 타워의 제일 높은 곳에 침팬지 한 마리가 있어요. 멀어서 암컷인지 수컷인지 구별할 순 없어요. 아들 침팬지가 담요를 들고 다가가요. 꼭대기에 있는 침팬지가 별 반응을 보이지 않자 아들 침팬지는 담요를 목도리처럼 두르고 내려와요. 아들 침팬지는 다시 담요를 옷처럼 등에 두른 뒤 한쪽 끝을 입에 물고 다녀요. 이불, 목도리, 옷……, 담요를 참 다양하게 쓰네요.

담요, 이불, 양말, 플라스틱 통, 공 등은 동물 행동 풍부화 프로그램을 위해 사육사들이 넣어 주는 물건이에요. 동물원 안의 단조로운 생활 때문에 생기는 동물들의 스트레스를 줄여 줘요. 동물에게 정신 이상이 생기지 않게 하는 프로그램이죠. 담요, 이불 등은 동물에게 놀이 도구, 장난감이에요.

동물들은 정신 이상이 생기면 똑같은 행동을 되풀이하는 경향이 있어요. 정형 행동이죠. 서울대공원 동물원의 실내 사육장에 있는 고릴라 수컷은 왼손을 입에 갖다 댔다가 내리고 갑자기 다시 왼손을 입에 갖다 댔다가 내리는 행동을 되풀이해요. 이 동작이 정형 행동인지는 확실하지 않아요. 하지만 어떤 동작을 별 이유 없이 반복하면 정형 행동이에요.

정신 이상은 사람이든 동물이든 뇌에 이상이 생겨서 일어나요. 사람의 경우 나를 보는 내가 제대로 작동하지 않죠. 사람은 누구나 자기를 보고 자기를 알 수 있어요. '내가 지금 뭘 하고 있지?' 스스로 생각해 보면 '난 지금 책을 읽고 있어' 하고 알 수 있어요. 나에 대한 나의 앎을 자기 앎, 자의식이라 부르죠. 자기 앎, 자의식은 아는 자도 나고 알려지는 자도 나인 특수한 앎이에요. 자의식은 두 개의 나, 즉 아는 나와 알려지는 내가 있어야 가능한 앎이죠.

사람은 두 개의 내가 있기 때문에 뿌듯해하거나 부끄러워할 수 있어요. 내가 나를 보고 잘한다 싶으면 칭찬하고 잘못한다 싶으면 꾸짖죠. 내가 나를 칭찬할 때 뿌듯하고 자랑스럽고, 내가 나를 꾸짖으면 부끄럽고 창피해요. 극단으로는 내가 나를 없앨 수도 있어요. 자살이죠. 자부, 자책, 자살의 반대쪽 극단에 있는 것이 정신 이상이에요. 정신 이상은 나를 뿌듯해하고 꾸짖고 없애는 내가 작동하지 않는 거예요.

정신 이상은 진화의 산물이에요. 실험용 쥐를 쳇바퀴 속에 넣고 먹이를 잡을 수 없는 위치에 놓으면 쥐가 쳇바퀴를 밟기 시작해요. 쥐는 쳇바퀴를 열심히 밟고 돌려도 먹이를 얻지 못하니까 스트레스를 받죠. 결국 쥐는 위에 구멍이 뚫릴 때까지 쳇바퀴를 밟다 목숨을 잃어요.

사람은 심하게 스트레스를 받아도 살 방법이 있어요. 바로 정신 이상이죠. 나를 지켜보는 내가 작동하지 않게 하는 거예요.
정신 이상이 두 개의 내가 있기 때문에 생긴다면 정신 이상을 겪는
동물도 두 개의 나를 가진다고 볼 수 있을까요?

어린 유인원이 사람과 눈을 맞추는 이유는?

서울대공원 동물원의 유인원 실내 사육장에는 아기 유인원 놀
이방이 있어요. 어린 침팬지 한 마리와 어린 오랑우탄 한 마리
가 함께 있죠. 침팬지는 2012년 태어났고 오랑우탄은 2013년
태어났어요. 아기 유인원 놀이방은 어른들과 합류하기 전에 아
기 유인원을 적응시키는 곳이에요. 부모가 방치하거나 해칠 가
능성이 있기 때문에 격리해서 사육사들이 돌보기도 해요.

어린 침팬지와 어린 오랑우탄은 모두 활발하게 움직여요. 밧
줄을 잡고 매달리고 그네를 타듯이 왔다 갔다 해요. 공, 나무다
리 같은 놀이 기구를 사용하고 비닐이나 밧줄을 씹기도 해요.
유리 벽으로 돌진하기도 하고 한쪽 벽에서 암벽 타기도 해요.

둘 다 관람객에게 관심이 많아요. 특히 어린 오랑우탄이 그

래요. 야외 방사장에 있는 어른 침팬지들은 사람에게 별 관심이 없어요. 그러나 어린 오랑우탄과 어린 침팬지는 사람이 보이면 유리 벽 앞으로 다가와요. 쳐다보기도 하고 손바닥을 유리 벽에 대기도 하고 밧줄에 매달려서 왔다 갔다 하다가 유리 벽에 통하고 부딪히기도 해요. 사람들이 깜짝깜짝 놀라죠.

제가 쓰고 있던 노란 우산을 위아래로 들었다 내렸다 했더니 어린 오랑우탄의 시선도, 어린 침팬지의 시선도 따라 와요. 시선 따르기에는 두 종류가 있어요. 하나는 물건이 움직일 때 시선이 따라가는 거예요. 또 하나는 상대의 시선을 따라 시선이 움직이는 거예요. 어린 침팬지와 오랑우탄이 노란 우산의 움직임을 따라 시선을 움직인 건 첫 번째 종류의 시선 따르기예요. 침팬지와 오랑우탄이 두 번째 종류의 시선 따르기도 할 수 있는지는 확실하지 않아요.

제가 어린 침팬지와 몇 차례 눈을 맞춘 뒤 침팬지의 눈을 1~2초 보다가 다른 곳으로 시선을 돌려 보았지만 침팬지는 제 시선을 따라오지 않았어요. 또 누워 있는 어른 오랑우탄과 몇 차례 눈을 맞추고 제 시선을 다른 데로 돌려 봤지만 오랑우탄 역시 제 시선을 따르지 않았어요. 그러나 이 정도 실험으로 침팬지와 오랑우탄이 사람의 시선을 따라 자신의 시선을 움직일

침팬지와 몇 차례 눈을 맞춘 뒤 시선을 돌려 보았지만
침팬지는 제 시선을 따라오지 않았어요.

수 있는지 없는지 결론 내릴 순 없어요.

시선 따르기는 동물이 상대의 마음을 읽는다는 중요한 증거예요. 구달은 이를 근거로 침팬지에게 마음 이론이 있다고 증언합니다.

어느 날 침팬지 무리가 식사를 마친 후 수컷 피건은 빠트린 바나나 한 개를 발견한다. 하지만 우두머리 수컷 골리앗이 그 바나나 바로 곁에서 쉬고 있다. 피건은 바나나가 보이지 않는 곳에 멀리 가서 앉는다. 15분이 지나 골리앗이 일어나 가버리자 피건은 1초도 주저하지 않고 가서 바나나를 줍는다.

《인간의 그늘에서》

피건은 더 일찍 바나나를 주우러 가면 골리앗에게 빼앗긴다고 생각한 거예요. 또 바나나 근처에 앉아 있으면 자기가 바나나를 더 자주 쳐다볼 거라고 생각해요. 그러면 골리앗은 피건이 쳐다보는 쪽을 보고 바나나를 차지할 거고요. 피건은 바나나를 쳐다보다가 먹이를 빼앗기는 잘못을 저지르지 않기 위해 잠시 자기 욕구를 억제하고 멀리 앉아요.

피건은 골리앗이 무슨 생각을 할지 알고 자기가 무슨 생각을 할지도 알고 있어요. 바나나를 쳐다보고 싶다는 생각을 할 거라고 알고 있죠. 피건은 자기와 남의 마음을 읽는 능력, 곧 마음 이론을 가지고 있어요.

침팬지나 오랑우탄에게 남의 시선을 따르는 능력이 있다면 남의 마음을 읽는 능력도 있다고 볼 수 있고, 자의식을 가질 가능성도 있어요. 자의식은 두 개의 내가 있어야 생겨요. 그러니까 침팬지나 오랑우탄에게 자의식이 있다면 정신 이상이 생기는 것도 사람과 마찬가지로 나를 지켜보는 내가 작동하지 않기 때문이라고 할 수 있어요.

털 고르기는 자기 앎의 증거일까?

오랑우탄과 침팬지의 털 고르기는 자기 앎의 증거일까요? 털 고르기는 오랑우탄과 침팬지뿐 아니라 일본원숭이, 개코원숭이 등 원숭이도 해요. 개체 수가 적은 동물원에서는 지켜지지 않지만 야생에서는 서열에 따라 누가 누구의 털을 고를지 정해져요. 유인원과 원숭이가 서열에 따라 털 고르기를 하는 것은 자기 서열을 안다는 뜻이죠. 동물원에서도 대체로 덩치가 큰 수 컷 원숭이가 우두머리 노릇을 하고 다른 원숭이들은 우두머리 에게 굽실거려요. 자기 서열을 안다고 볼 수 있어요.

자기 서열을 아는 것은 일종의 자기 앎이에요. 자기의 사회 지위에 대한 앎이기 때문에 '사회 자기 앎'이라 부를 수 있어요. 또 동물은 대부분 자기 몸을 먹지 않아요. 자기 몸이 자기 것인 줄 안다는 뜻이죠. 자기 꼬리를 무는 뱀인 우로보로스는 영원을 상징하는 이미지일 뿐이에요. 자기 몸이 자기 것인 줄 아는 건 '몸 자기 앎'이라 부를 수 있어요.

유인원과 원숭이는 사회 자기 앎도, 몸 자기 앎도 가능하다고 볼 수 있어요. 그러나 자기 앎 가운데 최고봉은 자기 마음을 읽 는 능력이에요. 이를 자의식이라 불러요.

유인원과 원숭이에게 자기 마음을 읽는 능력이 있는지는 분 명치 않아요. 침팬지, 오랑우탄, 고릴라, 원숭이가 사람의 시선 을 따를 줄 안다면 사람의 마음을 읽을 가능성도 커져요. 사람 의 시선을 따를 때 사람이 눈길을 주는 곳에 있는 것을 어떻게 하려는지 알 수 있기 때문이에요. 사람의 의도나 욕망을 읽을 수 있다는 뜻이죠.

유인원과 원숭이가 사람의 마음, 남의 마음을 읽을 수 있다면

동물은 대부분 자기 몸을 먹지 않아요.
우로보로스는 영원을 상징하는 이미지일 뿐이에요.

자기 마음도 읽을 수 있어요. 마음 읽기 능력은 자기 마음이든 남의 마음이든 동전의 양면과 같으니까요.

유인원의 마음 이론에 대해서는 학계에서도 의견이 갈려요. 침팬지, 고릴라, 오랑우탄, 보노보에게 마음 읽기 능력이 있다고 인정하는 학자도 있고 부정하는 학자도 있어요. 원숭이에게 마음 이론을 허용하는 학자는 거의 없어요. 동물의 마음 이론, 감정, 언어 문제는 뒤에서 좀 더 자세히 설명할게요.

① 침팬지를 볼 때 1

침팬지에게 말을 걸거나 박수 치지 마세요. 수많은 사람이 매일 비슷한 행동을 하기 때문에 침팬지는 관심도 주지 않을 거예요. 대신 침팬지가 무엇을 보고 무엇을 하는지 오래 살펴보세요. 침팬지의 관심사가 무엇인지 관찰하다 보면 뜻밖에 보이는 것이 생길지도 몰라요.

② 일본원숭이를 볼 때

일본원숭이가 박수를 치는지 또는 손가락으로 유리 벽을 두드리는지 살펴보세요. 먹이를 달라고 재촉하는 듯한 행동을 하는지 살펴보세요. 이런 행동은 학습에 의해 생기고, 바뀔 수 있어요.

③ 침팬지를 볼 때 2

침팬지가 담요를 가지고 무엇을 하는지 살펴보세요. 담요 말고 페트병이나 플라스틱 물건을 가지고 무엇을 하는지도 살펴보세요. 여러 가지 방식으로 놀 거예요. 침팬지도 많이 놀아야 정상으로 살 수 있어요.

④ 침팬지, 오랑우탄, 고릴라를 볼 때

한 가지 행동 또는 비슷한 일련의 행동을 되풀이하는지 살펴보세요. 정형 행동일 가능성이 있어요. 곰이나 말 같은 포유동물도 좁은 공간에 오래 살거나 혼자 살다 보면 정형 행동을 보일 수 있어요.

⑤ 어린 침팬지, 어린 오랑우탄을 볼 때

어린 침팬지나 오랑우탄과 마주 보다가 천천히 시선을 위나 옆으로 옮기고 침팬지나 오랑우탄의 눈이 시선을 따라 움직이는지 곁눈질해서 보세요. 시선을 따라서 옮겼다면 놀라운 발견을 한 거예요. 침팬지나 오랑우탄에게 마음 이론이 있을 가능성을 발견한 거니까요.

동물에게도
마음이 있을까?

3.
동물의 마음에
접근하는 방법

도대체 어떻게 해야 우리가 동물의 마음을 알 수 있을까요? 집에서 개와 함께 사는 사람들은 개의 마음을 아는 게 뭐 그리 어렵냐고 반문합니다.

"제가 집에 들어갈 때 개가 깡충깡충 뛰면 기쁨을 느끼는 거죠. 제가 큰소리로 화낼 때 설설 기면 두려운 거고요."

한 걸음 더 나아가 물어보면 어떨까요? 왜 개가 깡충깡충 뛰면 기쁜 거고, 설설 기면 두려운 것이냐고요. 그럼 다음과 같이 대답합니다.

"그럼 개가 깡충깡충 뛰면 두려운 거고 설설 기면 기쁜 겁니까? 우리도 기쁠 때 깡충깡충 뛰고 두려울 때 설설 기잖아요?"

개가 깡충깡충 뛰면 기쁜 걸까?

위의 대답은 세 가지 내용을 전제해요.

첫째, 개는 기쁜 감정과 두려운 감정을 느낀다.
둘째, 개는 감정을 행동으로 표현한다.
셋째, 개의 감정과 행동 표현은 사람과 같거나 비슷하다.

첫째와 둘째는 밀접하게 관련되어 있어요. 개가 기쁜 감정을 느끼는지 어떻게 아느냐고 물으면 깡충깡충 뛰는 행동을 보면 알 수 있다는 대답이 많이 나오기 때문이죠. 그렇다면 우리가 동물의 마음을 아는 한 가지 방법은 행동을 보는 겁니다. 깡충깡충 뛰는 개의 행동을 보면서 개가 기쁜 감정을 느낀다고 판단하는 거예요.

우리는 깡충깡충 뛰는 개를 보면서
개가 기쁨을 느낀 것이라고 판단합니다.

그러나 **깡충깡충 뛰는 행동이 반드시 기쁨의 감정을 표현하는 것일까요?** 이 물음에 그렇다고 대답하려면 앞서 살펴본 셋째 전제가 필요합니다. 개의 감정과 행동 표현이 사람과 같거나 비슷하다고 전제해야 개도 사람처럼 기쁨의 감정을 깡충깡충 뛰는 행동으로 표현한다고 말할 수 있기 때문이죠. 그러니까 '동물은 감정을 행동으로 표현하니까 행동을 보면 감정을 알 수 있다'라고 주장하는 견해는 흔히 사람과 동물의 감정과 행동 표현이 같거나 비슷하다고 전제합니다. 우리가 집에서 개나 고양이를 기를 때 자주 하는 생각이에요. 개나 고양이의 감정, 호기심, 상상, 이성 등을 행동으로 알 수 있다고 주장하려면, 개나 고양이가 감정, 호기심, 상상, 이성 등을 행동으로 표현하는 방식이 사람과 비슷하거나 같다고 전제해야 하죠.

의인화의 두 얼굴

사람과 동물의 감정과 행동 표현이 같거나 비슷하다는 관점은 다른 말로 '의인화anthropomorphism'라고 불러요. 의인화는 사람 아닌 것에 사람의 특성을 부여하는 관점이죠. 돌에 인격을 부여해 듬직하다고 말하는 것은 돌의 의인화예요. 또 개에게 인격을 부여해 점잖다고 말하는 것도 개의 의인화죠. 사람이 아닌 동물에게 사람의 특성인 감정과 호기심, 상상, 이성 등 마음의 기능을 부여하는 것도 의인화입니다.

개나 고양이와 함께 사는 사람들은 의인화를 쉽게 받아들이지만 과학자들은 매우 경계해요. 예를 보면 과학자들이 의인화를 경계하는 이유를 알 수 있어요. 짧은꼬리원숭이는 다른 원숭이에게 엉덩이를 내미는 습성이 있어요. 사람이 다른 사람에게 엉덩이를 내미는 것은 대개 놀림의 표시지만 짧은꼬리원숭이가 엉덩이를 내미는 것은 사과의 표시예요. 다른 원숭이는 그 엉덩이를 붙잡음으로써 사과를 받아들이죠. 같은 행동이라고 해도 사람의 경우 놀림의 감정을 뜻하지만 짧은꼬리원숭이의 경우 사과의 감정을 뜻해요. 또 맨드릴은 입을 크게 벌리고 날카로운 송곳니를 드러내는 행동이 분노를 표시하는 게 아니라 우호적으로 인사하는 것이라고 해요. 맨드릴은 화가 나면 발로 격하게 땅바닥을 친다고 해요.

동물을 연구하는 과학자들이 의인화를 경계하는 까닭은 이처럼 같거나 비슷한 행동이 사람과 동물에게 서로 다른 의미일 수 있기 때문이에요. 게다가 개나 고양이의 행동은 그나마 친숙하지만 낯선 동물의 낯선 행동은 어떤 마음을 표현하는지 알기 어려워요. 예를 들어 까마귀의 울음소리를 들었을 때 짝을 찾는 소리인지, 영역을 침범한 다른 까마귀에게 맞서는 소리인지 구별하는 일은 까마귀 전문가가 아니면 하기 힘들죠.

그렇다면 행동을 통해 동물의 마음을 알 수 있다는 견해도 의인화를 경계해야 합니다. 동물이 사람과 같거나 비슷한 행동을 한다고 해서 같거나 비슷한 마음을 가진다고 속단해서는 안 된다는 뜻이죠.

그러나 의인화의 관점이 동물의 마음을 아는 데 전혀 쓸모가 없는 건 아니에요. 동물의 마음을 아는 데 가장 큰 걸림돌은 우리가 동물이 되어 볼 수 없다는 겁니다. 우리가 동물이 될 수 있으면 동물이 기쁨이나 슬픔의 감정을 느끼는지 금방 알 수 있어요. 그러나 우리는 그럴 수 없습니다. 그러니까 동물의 마음을 아는 것은 근본적으로 한계가 있어요.

하지만 우리가 분명히 아는 사실이 하나 있어요. 사람은 기쁨과 슬픔을 느낀다는 사실이죠. 이는 동물의 마음을 아는 데 활용할 수 있어요. 사람이 감정을 느끼는 조건이 무엇인지를 과학적으로 밝히는 겁니다. 동물도 그 조건을 갖추고 있는지 살펴보면 동물이 감정을 느끼는지도 알 수 있어요. 그러니까 동물에게 사람의 특성을 부여하는 의인화는 사람의 마음에 대해 우리가 분명히 아는 사실을 기초로 동물의 마음을 아는 방법이 될 수 있습니다.

이때도 조심해야 할 점이 있어요. '인간중심주의anthropocentrism'에 빠지지 않는 거예요. 인간중심주의는 사람을 우주와 생물계에서 가장 중요한 존재로 여기고 사람을 기준으로 모든 것을 평가하는 관점입니다. 인간중심주의의 눈으로 보면 사람의 기준에서 감정을 느끼는 데 필요한 조건을 갖추지 못한 동물은 감정을 느낄 수 없다고 단정해요. 그러나 동물은 사람과 다른 조건을 갖추고 감정을 느낄 수도 있어요.

감정을 느끼게 하는 뇌 구조

지금 제가 계속 '조건'이라는 말을 하고 있는데요. 그 조건으로 중요한 것이 두 가지 있습니다. 하나는 행동이고, 다른 하나는 뇌입니다. 깡충깡충 뛰는 개의 행동을 보고 우리가 '개는 기쁨을 느낀다'라고 말하면 우리는 '깡충깡충 뛰는 행동이 기쁨을 느낄 조건'이라고 말하는 겁니다. 그러나 행동만으로 모든 동물의 감정, 나아가 모든 동물의 모든 마음을 안다고 생각하는 것은 과학자들이 경계하는 의인화를 전제한다고 했죠. 의인화를 경계하는 이유는 같은 감정 또는 같은 마음도 사람과 동물에게 또는 동물에 따라 다른 행동으로 표현될 수 있기 때문입니다.

그래서 또 하나 중요한 조건이 뇌입니다. 우리는 동물이 되어 볼 수 없을 뿐 아니라 남이 되어 볼 수도 없어요. 상상으로야 동물, 돌, 나무, 우주가 되어 볼 수도 있지만 실제로는 불가능하죠. 그러나 우리는 남의 마음을 알 수 있어요. 같은 사람이기 때문이에요. 더 정확하게는 뇌 구조가 같기 때문이죠.

개는 기쁨이나 두려움의 감정을 느낄까요? 다른 사람은 기쁨이나 두려움의 감정을 느낄까요? 두 질문 가운데 우리가 조금이라도 더 확실하게 그렇다고 대답할 수 있는 것은 두 번째 질문입니다. 다른 사람은 나처럼 사람이니까 나와 비슷한 뇌 구조를 가졌을 것이고, 나의 뇌가 감정을 느낀다면 남의 뇌도 감정을 느낀다고 볼 수 있죠.

그렇다면 '동물과 사람의 뇌 구조가 같으냐'가 '동물이 사람과 같은 마음을 가질 수 있느냐'를 판단하는 한 가지 조건이 됩

모든 동물은 아픔을 느낄까요?
침팬지, 개, 비둘기, 새우, 지렁이, 모기도 아픔을 느낄까요?

니다. 예를 하나 들어 보겠습니다. 우리는 맞으면 아파요. 그렇다면 모든 동물은 아픔을 느낄까요? 침팬지, 개, 비둘기, 뱀, 개구리, 고등어, 문어, 새우, 지렁이, 모기도 아픔을 느낄까요? 이 모든 동물이 아픔을 느낀다고 주장하는 과학자는 없어요. 모든 동물이 아픔을 느끼는 데 필요한 뇌 구조를 갖추고 있다고 보진 않기 때문이죠.

그러나 과학자들이 아픔을 느끼는 데 필요한 뇌 구조의 조건으로 꼽는 특징은 하나가 아니라 여럿이에요. 그래서 과학자들이 아픔을 느낀다고 인정하는 동물도 제각각이죠. 어떤 과학자는 고등어 같은 어류부터 아픔을 느낀다고 주장하고 어떤 과학자는 비둘기 같은 조류부터 아픔을 느낀다고 주장해요. 그런데 이 문제에 관한 오랜 정설은 개, 고양이 같은 포유류부터 아픔을 느낀다고 주장하는 견해예요. 그 근거는 신피질이라 불리는 포유류의 뇌 구조예요.

신피질은 6층으로 구성된 대뇌피질을 가리켜요. 척추동물의 뇌는 대뇌뿐 아니라 소뇌, 간뇌 등도 갖추고 있는데 포유류의 대뇌 껍질만이 6층 구조로 되어 있어요. 이를 신피질이라 부르죠. 그리고 아픔을 느끼는 것과 같은 의식은 신피질이라는 대뇌피질이 진화한 덕분에 생긴 마음의 능력이라는 게 오랜 정설이에요.

그러니까 이 정설에 따르면 침팬지, 개는 포유류여서 맞으면 아픔을 느끼지만 모기며 비둘기며 나머지 동물은 신피질이 없어서 맞아도 아픔을 느끼지 않아요. 정말 그럴까요?

인간중심주의에서 벗어나려면

앞에서 의인화는 동물의 마음을 아는 길이 될 수 있지만 인간중심주의에 빠지는 것은 경계해야 한다고 말했어요. 의인화는 사람 아닌 것에 사람의 특성을 부여하는 관점이고, 인간중심주의는 사람을 기준으로 모든 것을 평가하는 관점이죠. 사람은 포유류에 속하니까 대뇌피질이 신피질이고, 맞으면 아픔을 느껴요. 그러니까 의인화의 관점에서 대뇌피질이 신피질인 다른 포유류에게도 아픔을 느낀다는 특성을 부여할 수 있어요.

'어떤 동물이 아픔을 느낄 수 있을까'라는 문제에 인간중심주의를 적용하면 어떻게 될까요? 대뇌피질이 신피질이 아닌 동물은 맞아도 아프지 않다는 결론이 나와요. 사람이 가진 신피질만이 아프다는 의식을 담당하는 뇌 구조라는 관점이 인간중심주의입니다. 동물의 마음을 이해하기에 좋지 않아요. 동물이 사람과 다른 방식으로 사람과 같은 마음 기능을 수행할 가능성을 인정하지 않기 때문이죠. 신피질이 없는 동물도 맞으면 아플 수 있어요. 또 이렇게 봐야 인간중심주의에서 벗어날 수 있고요.

그럼 포유류가 아닌 동물은 아픔을 느끼는지 어떻게 알 수 있을까요? 과학자들은 '상동homology'이라는 개념으로 이 물음에 답해요. 상동은 박쥐의 날개, 고양이의 앞발, 사람의 손처럼 서로 다른 종의 기관이지만 기능이 비슷한 것을 의미해요. 우리는 지금 감정, 의식과 같은 마음의 기능을 다루고 있으니까 중요한 것은 몸 기관 중에서도 특히 뇌 구조의 상동이에요. 그러니까 문제는 포유류의 신피질과 비슷하거나 같은 기능을 할 수 있는 상동의 뇌 구조가 무엇이냐는 거죠.

어떤 과학자들은 포유류의 신피질과 상동인 뇌 구조로 조류의 '외투pallium'를 꼽기도 하고, 또 다른 과학자들은 어류의 외투를 꼽기도 해요. 조류와 어류의 외투는 포유류의 대뇌피질 앞부분과 비슷한 위치에 있는 뇌 껍질이에요. 포유류의 신피질은 6층으로 이뤄져 있지만 조류의 외투는 일부만 3~4층으로 되어 있고 나머지는 단층이에요. 그럼에도 조류학자들은 완전히 일치하지는 않지만 조류의 외투와 포유류의 신피질은 기능이 같다고 주장해요. 새들이 아픔을 느끼는 조건은 신피질과 상동인 외투라는 뇌 구조라는 거죠. 한편 어떤 과학자들은 어류에게도 외투가 있고 포유류의 신피질과 상동이므로 물고기도 아픔을 느낀다고 주장해요.

포유류의 신피질과 상동인 뇌 구조에 대한 과학자들의 일치된 의견은 없어요. 심지어 무척추동물인 문어도 아픔을 느낀다고 주장하는 과학자도 있고요. 신피질을 갖춘 포유류라고 해서 모두 아픔을 느끼는 것은 아니고 앞머리가 톡 튀어나온 영장류만이 아픔을 느낀다고 주장하는 과학자도 있어요. 참 혼란스럽죠?

동물의 마음을 아는 네 가지 방법

정리해 보죠. 문제는 우리가 동물의 마음을 어떻게 알 수 있느냐는 거예요. 가장 흔한 대답은 동물의 행동을 보면 동물의 마음을 알 수 있다는 거죠. 그러나 동물의 마음과 행동 표현이 사람과 비슷하거나 같다고 전제할 순 없어요. 사람과 다를 수도 있죠. 분명한 사실은 우리가 사람의 마음을 알 수 있다는 거예요. 그러니까 사람의 마음에 필요한 뇌 구조를 밝히면 동물도 비슷하거나 같은 뇌 구조를 가질 경우 사람과 비슷하거나 같은 마음을 가진다고 볼 수 있어요. 그러나 사람의 뇌 구조와 비슷하거나 같은 동물의 뇌 구조에 대해서는 과학자들 사이에 일치된 의견이 없어요. 그럼 어떻게 해야 할까요?

동물의 마음을 알려면 우리는 사람의 조건을 기준으로 삼되 사람의 조건만 기준으로 삼지는 않으면서 동물의 행동뿐 아니라 뇌 구조도 봐야 해요. 복잡하고 어렵죠? 이를 정리하면 동물의 마음을 아는 네 가지 방식이 나와요. 첫째, 사람의 조건을 기준으로 동물의 행동을 봐야 해요. 둘째, 사람의 조건만 기준으로 삼지 않으면서 동물의 행동을 봐야 해요. 셋째, 사람의 조건을 기준으로 동물의 뇌 구조를 봐야 해요. 넷째, 사람의 조건만 기준으로 삼지 않으면서 동물의 뇌 구조를 봐야 해요.

예를 들어 개가 깡충깡충 뛴다면 우리는 이렇게 평가해야 합니다. 첫째, 사람이 기쁠 때 깡충깡충 뛴다는 기준에 따라 개도 깡충깡충 뛰면 기쁨의 감정을 느낀다고 봐야 해요. 둘째, 개가 깡충깡충 뛰는 것이 혹시 기쁨이 아니라 다른 마음, 예를 들어 배고픔을 표현할 수도 있다고 생각해야 해요. 셋째, 개는 포유류에 속하고 신피질이 있으므로 깡충깡충 뛸 때 기쁨의 감정을 의식할 수 있다고 봐야 해요. 넷째, 개에게 신피질이 있어도 기쁨의 감정을 의식할 수 없을지도 모른다고 생각해야 해요. 여전히 복잡하죠?

남의 마음을 이해하려면 남의 행동을 유심히 보면서 나와 같을 때도 있고 다를 때도 있다고 생각해야 합니다. 웃는다고 해서 마냥 기쁜 건 아니에요. 웃음 뒤에 가려진 슬픔이나 분노가 있을 수도 있어요. 남이 나와 비슷한 뇌 구조를 가진다고 해서 같은 행동을 할 때 같은 마음이라고 판단하는 건 속단이죠. 동물도 마찬가지예요. 동물의 마음을 알려면 조금 복잡하게 생각해야 해요. 동물의 마음도 사람과 같다는 단순한 생각은 하지 말아야 해요. 남의 마음이 나와 같을 수도 있고 다를 수도 있듯이 동물의 마음도 나와 같을 수도 있고 다를 수도 있어요. 남의 마음을 조심스레 헤아리듯이 동물의 마음도 조심스레 헤아리는 것이 동물의 마음을 아는 좋은 접근 방법이에요.

4.

동물도 감각을
의식할까?

"돼지, 그러므로 나는 있다 The Pig that therefore I am."

어떤 예술가는 이 명제를 주제로 돼지우리에 나체로 들어가 돼지들과 함께 지내는 퍼포먼스를 선보였어요. 돼지우리는 악취 나는 장소의 대명사죠. 실제로는 깨끗한 곳도 많지만 우리 머릿속에 더러운 곳으로 자리 잡고 있어요. 하긴 여름에는 돼지 우리에 악취가 진동하고 모기가 들끓기도 해요. 만약 억지로라 도 돼지우리에 들어가야 한다면 대부분의 사람은 차라리 심한 감기로 코가 막히기를 바랄 거예요.

돼지도 악취 때문에 괴로울까?

돼지들은 돼지우리에서 사는 게 괴롭지 않을까요? 돼지우리의 악취는 '의식consciousness'의 문제예요. 의식은 앎의 다른 말이죠. 의식한다는 건 안다는 뜻이니까요. 코로 냄새를 맡아 돼지우리의 악취를 알면 그 냄새를 의식한다고 말할 수 있어요. 코가 막혀 악취를 알지 못하면 그 냄새를 의식하지 못한다고 말할 수 있고요. 아마 우리도 돼지우리에 들어가면 처음에는 악취를 의식하다가 나중에는 의식하지 못하게 될 거예요. 코는 같은 냄새에 금방 익숙해져 버리니까요.

앞에서 '동물도 맞으면 아플까'라는 문제를 다루었어요. 역시 의식의 문제죠. 사람도 전신이 마비되면 몽둥이로 맞아도 아픈지 몰라요. 고통을 의식하지 못한다고 말할 수 있죠. 반대로 멀쩡한 몸을 가지고 있으면 고통을 의식한다고 말할 수 있고요.

의식의 반대말은 '무의식unconsciousness'이에요. 무의식이라는 개념은 정신분석학자 지그문트 프로이트Sigmund Freud가 '억눌린 욕망들의 저장소'라는 특별한 의미로 사용했어요. 그러나 요즘 인지심리학에서 무의식은 넓은 의미로 쓰여요. 인지는 감각, 감정, 호기심, 상상, 이성 등 마음 또는 마음 기능이라 부르는 것을 통칭해요. 그리고 의식이 앎이니까 무의식은 앎 없음, 곧 모름이에요. 감각 없음, 감정 없음, 호기심 없음, 상상 없음, 이성 없음 등이 모두 무의식이죠.

돼지우리의 악취를 의식하지 못하는 것과 맞아도 아프지 않은 것은 악취나 고통을 모르는 거예요. 악취는 후각, 고통은 촉각 또는 통각에 속하니까 모두 감각이에요. 그리고 의식하지 못하는 악취나 의식하지 못하는 촉각 또는 통각은 모두 의식하지 못하는 감각 또는 모르는 감각이에요.

모르는 감각이라뇨? 감각이면 다 아는 거지 모르는 게 있을까요? 네. 있어요. 예를 하나 들어 볼게요. 치과에서 잇몸을 마취하고 드릴로 이를 간다고 해 봐요. 혹시 마취가 덜 되어 고통을 느끼지 않을까 잔뜩 긴장하죠. 드릴로 이를 갈기 시작하면 팔다리에 힘이 들어가고 얼굴 근육은 굳어요. 나도 모르게 "끄응" 하고 신음 소리를 내기도 하고요. 하지만 제대로 마취하면 아프지 않아요.

이를 갈 때 고통은 생기지만 우리는 그 고통을 몰라요. 마취를 해도 이를 갈면 신경세포는 자극을 받아요. 고통은 유해수용기라는 신경세포가 자극을 수용하는 거예요. 그러니까 마취해

무의식이라는 개념은 프로이트가
'억눌린 욕망들의 저장소'라는 특별한 의미로 사용했어요.

도 고통은 있어요. 팔다리에 힘이 들어가고 얼굴 근육이 굳으며 "끄응" 하고 신음 소리를 내는 건 이 고통에 대한 반응이죠. 그러나 우리는 고통을 몰라요. 이의 신경세포에서 뇌로 가는 신경세포의 회로가 마비되어 있어서 고통을 일으키는 자극이 뇌로 전달되지 못하기 때문이죠. 마취된 상태에서 이의 신경세포가 자극을 수용하는 고통은 우리가 모르는 고통이에요. 이런 고통이 모르는 감각의 예죠. 어려운 말로 무의식 감각, 비의식 감각이라고 할 수 있어요.

의식하지 못하는 감각이 있다면, 그래서 돼지도 냄새를 맡지만 의식하지 못한다면 돼지우리에 사는 게 괴롭지 않을 거예요. 물론 돼지가 악취를 의식하든 의식하지 못하든 돼지우리에 사는 게 괴롭지 않을 수도 있어요. 하마는 한 번의 배설로 80톤의 물을 완전히 똥물로 만들어 버리는데 하루에 열 번이나 배설을 반복한다고 해요. 그리고 하마는 이 똥물 웅덩이 속에 있어야 오히려 자기 집인 줄 알아서 안심한다고 하고요. 돼지도 하마와 같을 수 있어요.

도살되는 동물이 고통을 느낀다면

의식은 동물의 목숨이 걸린 문제이기도 해요. 채식주의자가 육식에 반대하는 이유들 가운데 하나는 동물이 도살당할 때 고통을 의식한다는 겁니다. 사람을 고문하는 게 나쁜 이유는 무엇보다 고통을 주기 때문이죠. 채식주의자는 사람을 고문하는 게 나쁘다면 동물을 도살하는 것도 나쁘다고 해요. 동물을 도살하는 것도 고통을 주기 때문이죠. 사람은 고문하면 안 되지만 동물은 도살해도 된다는 생각은 동물 차별이에요. 백인은 고문하면 안 되지만 흑인은 고문해도 된다는 생각이 인종 차별인 것과 같아요. 백인이 흑인보다 우월하다고 생각하는 것이 인종 차별이고 사람이 동물보다 우월하다고 생각하는 것이 동물 차별이죠.

그런데 동물이 고통을 의식할 수 없다면 어떤 결론이 나올까요? 채식주의자가 동물은 먹지 않지만 식물은 먹는 까닭은 동물은 고통을 의식하지만 식물은 고통을 의식하지 못한다고 보기 때문이에요. 만일 동물도 식물과 마찬가지로 고통을 의식할 수 없다면 채식주의자가 육식에 반대하는 한 가지 핵심 이유가 사라지죠.

다시 의식 문제로 돌아왔어요. 그러나 앞에서 살펴봤듯이 어떤 동물부터 고통을 의식한다고 볼 것인지는 과학자들 사이에서도 의견이 분분해요. 만일 포유류의 신피질이 고통을 의식하는 조건이라면 소, 돼지는 포유류여서 도살당할 때 아픔을 느낀다고 봐야 해요. 하지만 닭은 조류여서 아프지 않다고 봐야 하죠. 만일 조류의 외피가 신피질과 상동이어서 의식을 담당하는 뇌 구조라면 소, 돼지뿐 아니라 닭도 도살당할 때 아픔을 느낀다고 봐야 해요. 그러나 물고기는 회로 떠질 때 아픔을 느끼지 않는다고 봐야 하고요. 외피는 포유류의 대뇌피질 앞부분과 대칭하는 뇌 껍질이라고 설명했죠. 만일 어류의 외피를 신피질과 상동이라고 보면 물고기도 회로 떠질 때 아픔을 느낀다고 봐야 해요. 하지만 문어, 낙지, 새우, 지렁이, 모기 등 무척추동물은 아픔을 느끼지 않는다고 봐야 하죠.

의식에 필요한 뇌 구조가 무엇인지에 대해 과학자들 사이에 합의된 의견은 없어요. 그래도 우리가 서로 다른 의견을 끈질기게 들여다보는 이유는 어느 쪽이 더 타당한지 비교하기 위해서예요. 또 앞으로 발견될지 모르는 증거가 어느 쪽을 뒷받침할 수 있는지 미리 예상해 두기 위해서죠. 요즘 초음파, 자기 공명 영상, 컴퓨터 단층 촬영 같은 영상 기법이 동물 연구에도 많이 활용되고 있는데 이 연구 성과들이 앞으로 조류와 어류의 외피가 포유류의 신피질과 상동인지 아닌지를 밝혀 줄 수도 있어요.

의식은 일차일까, 고차일까?

이번에는 철학자들이 동물의 의식에 대해 뭐라고 하는지 살펴보려고 해요. 미리 말하지만 철학자들도 과학자들과 마찬가지로 동물의 의식에 관해 일치된 의견은 없어요. 그러나 철학자는 과학자와 다른 방법으로 의식 문제에 접근해요. 과학자는 동물의 행동이나 뇌 구조를 보고 의식이 있는지를 밝히려 해요. 철학자는 의식의 특성에 대한 논의를 통해 접근하죠. 또 철학자는 동물의 의식 이전에 의식 자체의 특성을 규명하고 어떤 동물이 그런 특성을 가질 수 있는지를 따져요.

치과에서 마취하지 않고 생니를 드릴로 간다고 상상해 봐요. 평생 잊지 못할 고통을 느낄 겁니다. 드릴이 잇속의 신경세포를 건드리면 눈앞에 번개가 번쩍이는 것 같은 느낌이 들 거예요. 고통의 의식이죠. 이런 고통의 의식은 경험에 곧바로 뒤따른다고 보는 철학자들이 있어요. 어떻게 생니를 드릴로 가는 경험에 번개가 번쩍이는 것 같은 고통의 의식이 뒤따르지 않을 수 있겠어요? 그렇다면 의식은 경험과 직결된 것이라고 볼 수 있어요. 경험이 있는 곳에 의식도 있는 거죠. 경험과 의식 사이에 아무 중간 단계도 없이 뭔가 경험되면 곧바로 의식된다고 보는 철학자들은 의식이 일차라고 주장해요.

반면 경험과 의식 사이에 중간 단계가 있다고 보는 철학자들은 의식이 고차라고 주장해요. 고차는 이차 이상이라는 뜻이죠. 중간 단계가 하나 이상일 수 있다는 거예요. 생니를 드릴로 갈 때 극심한 고통을 느끼려면 적어도 맛있는 음식을 먹을 때의 즐거움과 그 고통을 구별할 줄 알아야 해요. 고통과 즐거움을 구별할 줄 모르면 고통을 고통으로 의식할 수 없다는 거죠.

생니를 드릴로 가는 경험에 고통의 의식이 따르는 것은 1초도 걸리지 않아요. 드릴이 잇속의 신경세포를 건드리면 전기 신호가 빛의 속도로 뇌에 전파되어 고통의 의식이 따르죠. 그러나 그 짧은 순간에도 뇌가 고통과 즐거움을 구별하지 못하면 고통을 즐거움으로 착각할 수도 있어요. 고통의 의식에는 고통을 고통 아닌 것과 구별하는 중간 단계가 필요하다는 거죠. 그러니까 고통의 의식은 경험 이후 아무 중간 단계 없이 곧바로 따라오는 일차가 아니라 구별이라는 중간 단계를 거쳐 일어나는 이차 또는 고차라고 할 수 있어요.

의식을 일차라고 보는 철학자는 폭넓은 동물에게 의식을 허용해요. 의식이 일차라면 의식은 경험에 곧바로 뒤따라요. 사람의 생니를 드릴로 갈든 개의 생니를 드릴로 갈든 극심한 고통의 의식은 곧바로 따라와요. 학습 능력이 있는 꿀벌에게도 의식이 있다고 볼 수 있어요. 학습은 경험에 의해 행동을 유연하게 바꾸는 능력이에요. 꿀벌이 춤을 춰서 먹이가 있는 장소를 알리는 것은 타고난 능력이에요. 그러나 그 장소를 기억하는 것은 학습 능력이죠.

꿀벌이 학습으로 바뀐 행동을 한다는 것은 먹이나 장소에 대한 경험을 의식하지 않으면 불가능해요. 우리는 새 집이 있는 장소를 기억할 때 찾아가는 길을 외우거나 주소를 외워요. 그러면 새 집을 떠올렸을 때 길이나 주소가 생각나요. 꿀벌이 새 집을 기억할 때 주소를 떠올리지는 않을 거예요. 주소는 언어 능력이 있어야 사용할 수 있으니까요. 물론 새 집으로 찾아가는 길을 떠올릴 순 있어요. 길은 언어가 아니라 그림이니까 꿀벌도 언어보다는 쉽게 떠올릴 수 있겠죠. 실제로 꿀벌이 길을 찾을 때 랜드마크를 이용한다는 연구 결과도 있어요. 꿀벌이 새 집

꿀벌이 춤을 춰서 먹이가 있는 장소를 다른 꿀벌에게 알리는 것은
타고난 능력이에요. 그러나 그 장소를 기억하는 것은 학습 능력이죠.

이 있는 장소에 대해 학습한다는 건 그 장소를 떠올리는 것, 경험을 떠올리는 것이라고 할 수 있어요. 그리고 경험을 머릿속에 떠올리는 것은 경험을 의식한다는 거예요.

그러나 의식을 고차라고 보는 철학자는 매우 제한된 동물에게만 의식을 허용해요. 고통과 즐거움을 구별한다는 것은 고통이 뭔지 알고 즐거움이 뭔지 안다는 뜻이에요. 나아가 고통이 뭔지 않다는 것은 고통의 개념을 안다는 뜻이죠. 개념은 어려운 말이지만 어린이도 개념을 알 수 있어요. 예를 들어 한두 살된 아이가 "엄마"라고 말하는 것은 엄마가 뭔지 알고 엄마의 개념을 안다는 뜻이에요. 물론 개념을 알려면 한두 살이어도 언어 능력이 있어야 해요.

의식은 고차이고, 고통의 의식에 고통과 고통 아닌 것의 구별이 필요하며, 구별에 개념과 언어가 필요하다면, 개념과 언어 능력이 있는 동물만 의식을 가질 수 있다는 결론이 나와요. 사람 또는 사람의 언어를 이해할 수 있는 동물 또는 사람의 언어와 비슷한 언어를 사용하는 동물로 좁아지는 거예요.

채식주의자의 눈으로 보면

의식은 일차라는 주장과 고차라는 주장 가운데 어느 쪽이 옳을까요? 의식은 일차이므로 꿀벌과 같은 무척추동물도 학습 능력이 있으면 의식도 있다는 주장이 옳을까요, 언어 능력이 없는 동물은 의식이 없다는 주장이 옳을까요? 철학자들은 팽팽히 맞서고 있어요. 그러나 우리가 앞에서 다룬 모르는 감각, 무의식 감각, 비의식 감각을 기준으로 보면 승부의 추는 한쪽으로 기울어요.

'맹시blind sight'라는 현상이 있어요. 맹시는 뇌일혈 등에 의해 왼 뇌의 시각 담당 부위가 손상되어 오른쪽 시야에 사물이 보이지 않는 맹점 지대가 생기는 거예요. 그런데 맹시 환자는 오른쪽 맹점 지대에 물체가 지나가면 눈으로 볼 수 없지만 물체가 지나갔다고 정확히 알아맞혀요. '암묵implicit 지식'을 이용하는 거예요. 암묵 지식은 의식하지 못하고 터득하는 암묵 학습의 산물이에요. 자전거 타는 법이나 수영하는 법은 우리가 팔다리의 동작을 일일이 의식하지 않고 암묵 학습으로 터득하죠. 맹점 지대로 물체가 지나간다는 사실을 맹시 환자가 알아차리는 것도 물체를 보지 못한 채 이루어져요. 맹시 환자가 암묵 지식을 이용하는 것은 의식되지 않는 감각이 있고 사람이 그 감각을 이용한다는 걸 보여 줘요.

의식을 일차라고 보는 철학자는 맹시 현상을 잘 설명할 수 없어요. 경험은 곧바로 의식된다고 보니까요. 의식되지 않는 경험이 없다는 거죠. 그러나 맹시 환자가 맹점 지대의 물체를 알아차리는 경험은 의식되지 않는 경험이에요. 반면 의식을 고차라고 보는 철학자는 맹시 현상을 잘 설명할 수 있어요. 의식이 중간 단계를 거친다고 보기 때문이에요. 맹시 환자가 의식하지 못한 채 물체의 움직임을 알아차리는 경험이 중간 단계죠. 환자는 암묵 지식을 이용해 물체가 지나갔다고 알아차림으로써 의식하지 못한 경험을 의식의 수면 위로 끌어올리는 거고요.

지금까지의 이야기를 동물에 적용해 봐요. 의식을 일차라고 보면 경험에 곧바로 의식이 따르니까 의식되지 않는 경험은 있을 수 없어요. 동물도 사람도 마찬가지예요. 반면 의식을 고차라고 보면 비의식 경험이 있을 수 있어요. 이 비의식 경험을 어떤 방식으로든 처리해야 의식이 생기죠. 그러면 동물도, 사람도 의식되지 않는 경험을 할 수 있어요.

동물과 사람 모두 의식할 수 없는 경험은 할 수 없다는 견해와 할 수 있다는 견해 중 어느 쪽이 옳을까요? 우리가 아는 건

아직 소, 돼지, 닭이 도살당할 때 고통을 의식한다는 사실도
증명되지 않았고 의식하지 못한다는 사실도 증명되지 않았어요.

동물은 몰라도 사람은 의식되지 않는 경험을 할 수 있다는 거예요. 마취된 상태에서도 드릴이 신경세포를 자극하는 통증을 느끼는 것과, 맹시 환자가 맹점 지대를 지나는 사물의 움직임을 알아차리는 것은 모두 의식되지 않는 경험이에요. 그러니까 적어도 의식되지 않는 경험을 설명하는 논리로는 의식을 일차로 보는 견해보다 고차로 보는 견해가 더 나아요.

채식주의자의 눈으로 보면 어떨까요? 의식되지 않는 경험, 의식되지 않는 감각, 의식되지 않는 고통 등이 있다는 견해는 소, 돼지, 닭을 조금이라도 덜 미안한 마음으로 먹을 가능성을 열어 줘요. 아직 소, 돼지, 닭이 도살당할 때 고통을 의식한다는 사실도 증명되지 않았고 의식하지 못한다는 사실도 증명되지 않았어요. 그러니까 육식주의자도 아무 거리낌 없이 육식을 정당화할 수 없어요. 그러나 채식주의자도 소, 돼지, 닭이 사람처럼 고통을 의식한다는 견해를 참인 전제로 받아들이는 것을 재고해야 하죠. 어떻게 동물이 고통을 의식하지 못한다고 생각할 수 있느냐는 식의 감정에 호소하는 반론은, 우리가 뛰어난 공감능력을 가지고 있다는 사실을 증명할 뿐인지도 몰라요.

동물은 과연
고통을 느낄까?

얼 안녕하세요. 저는 사회자 얼입니다. 오늘은 이름만 들어도 다 아는 두 석학을 모시고 동물의 고통에 관해 대화를 나누어 보겠습니다. 두 분은 동물의 고통뿐 아니라 감정, 언어, 이성 등 동물의 마음에 관해 정반대의 주장을 하기 때문에 모셨습니다. 르네 데카르트 선생님과 찰스 다윈 선생님입니다. 안녕하세요?

데카르트 안녕하세요. 반갑습니다.

다윈 안녕하세요. 이름으로만 듣던 근대 철학의 대가 데카르트 선생님을 만나 뵙게 되어 영광입니다.

얼 영광은 저만 하겠습니까? 제가 두 석학을 모시고 토론을 진행하다니요. 앞으로 세 차례에 걸쳐 이야기를 나눌 텐데요. 우선 두 선생님을 간단히 소개하겠습니다. 다윈 선생님이 동물 연구의 대가라는 사실은 모르는 사람이 없을 겁니다. 《종의 기원》에서 동식

물을 포함해 생물 진화의 메커니즘이 '자연 선택'이라는 것을 밝히셨죠. 그런데 선생님은 대중에게는 조금 덜 알려진 책을 두 권 더 쓰셨습니다. 《인간의 유래와 성선택》과 《인간과 동물의 감정 표현》입니다. 이 두 책에서 다윈 선생님은 동물의 마음에 관해 많은 이야기를 하십니다.

다윈 잘 아시는군요.

얼 데카르트 선생님은 철학자로 유명해서 동물과 무슨 관계가 있을까 의아하실 겁니다. 그러나 선생님은 어느 편지에서 이렇게 말씀하셨죠.

> 동물론은 내가 15년 이상 전에 연구하기 시작했지만 완성하지 못하고 있다.

선생님은 동물론을 완성하지 못했지만 동물에 관해 많은 이야기를 남겼습니다. 철학사에서는 데카르트 선생님이 합리론의 창시자고, 관찰과 실험을 중시하는 경험론과 달리 합리론은 직관과 추론을 중시한다고 배우죠. 하지만 아닙니다. 데카르트 선생님은 매우 중요한 관찰과 실험을 직접 하셨습니다. 특히 동물과 사람

르네 데카르트
(René Descartes, 1596~1650)

"나는 생각한다. 그러므로 나는 있다."
데카르트의 유명한 말로, 신 중심의 중세 세계관을 인간 중심의 근대 세계관으로 바꿔 놓았다고 평가받는다. 데카르트는 요즘의 분류법으로는 철학자만이 아니라 물리학자, 생물학자, 의사, 공학자이기도 했다. 관성 운동이 원 궤도가 아니라 직선 궤도를 그린다는 발견은 물리학자 데카르트의 몫이고, 이 책에서 다루는 동물의 의식, 감정, 언어, 자의식에 대한 연구는 생물학자 데카르트의 몫이다. 데카르트는 의사로서 인간과 동물의 몸에 대한 독특한 생리학 이론도 펼쳤고, 공학자로서 움직이는 기계, 로봇 인형을 만들었다는 설도 있다. 데카르트 시절의 철학은 과학과 분리되어 있지 않았고 과학 기술을 포함해 이 세상 모든 것에 대한 지혜를 다뤘다.

찰스 다윈
(Charles Darwin, 1809~1882)

다윈은 진화의 메커니즘인 자연 선택을 발견했다. 자연 선택은 생물 세계에서 변이가 끊임없이 일어나고 이 변이들 가운데 환경에 잘 적응하는 변이를 가진 개체가 자손을 대대로 퍼뜨리는 데 성공한다는 이론이다. 이러한 자연 선택 이론을 담은 책이 《종의 기원》이다. 다윈은 동물의 의식, 감정, 언어, 자의식 등에 관한 책 《인간과 동물의 감정 표현》도 썼다. 다윈은 동물에게 의식, 언어, 자의식이 없다고 판단한 데카르트와 달리 거의 모든 마음 능력이 동물에게 조금씩이나마 있다고 주장했다.

에 관해서는 근대 해부학의 창시자 안드레아스 베살리우스Andreas
Vesalius보다 더 많은 해부와 관찰을 하셨다고 자신할 정도죠.

데카르트 많이 준비하셨군요. 그런데 다윈 선생님은 어떤 책인가
에서 절 비판하신 적이 있죠?

다윈 무슨 말씀을 하시는 건지?

데카르트 제가 개를 생체 해부했다고 넌지시 비판한 걸 본 적이
있어요.

얼 아하,《인간의 유래와 성선택》에 나온 구절을 말씀하시는 거군
요. 제가 읽어 보겠습니다.

개는 죽음의 공포를 느끼면 주인을 애무한다고 알려졌다. 해부당
할 때 고통스러워하면서도 시술자의 손을 핥는 개의 이야기를 들
어봤을 것이다. 이 사람은 만일 우리의 지식을 늘인다는 명분으로
수술을 충분히 정당화하지 않거나 돌덩이 같은 마음을 가지고 있
지 않다면 틀림없이 살아 있는 마지막 순간까지 후회할 것이다.

다윈 특별히 데카르트 선생님을 염두에 둔 건 아닙니다. 제가 살던 시절에는 마취제가 있었지만 흔치 않아서 동물 생체 해부가 많았죠. 하물며 선생님 시절에는 마취제도 없었으니까 동물을 살아 있는 채로 해부할 수밖에 없었을 거라고 이해합니다.

데카르트 제가 생체 해부를 한 것에는 특별한 이유가 있습니다. 바로 동물의 몸에 관한 제 생각 때문인데요.

얼 네. 바로 오늘의 대화 주제인 동물의 고통과 관련이 있는 견해죠. 지금부터 좀 더 자세한 설명을 부탁드립니다.

동물도 고통을 느낀다 : 다윈

얼 동물의 고통에 대한 두 분의 견해는 정반대입니다. 데카르트 선생님은 개가 살아 있는 상태에서 해부되어도 아픔을 느끼지 못한다고 생각하시고, 다윈 선생님은 아픔을 느낀다고 생각하시죠. 우선 다윈 선생님이 그 이유를 설명해 주시겠습니까?

다윈 제가 동물이 고통을 느낀다고 보는 근거는 크게 두 가지인데요. 하나는 행동이고 또 하나는 생리 현상입니다. 개를 예로 들어 보죠. 개는 심한 고통을 느낄 때와 약한 고통을 느낄 때의 행동이 달라요. 심한 고통을 느낄 때는 온몸을 뒤틀고 몸부림치며 짖어 댑니다. 약한 고통을 느끼면 꼬리를 두 다리 사이에 묻어 넣고 귀를 뒤로 젖히죠.

얼 사람과 같은 행동도 있고 다른 행동도 있군요. 심한 고통을 느낄 때 온몸을 뒤틀고 몸부림치며 울부짖는 건 사람과 같은데, 약한 고통을 느낄 때 꼬리를 두 다리 사이에 묻어 넣고 귀를 뒤로 젖히는 건 사람과 다르군요.

다윈 네. 그렇습니다. 사람은 꼬리도 없고 귀를 자유롭게 움직일 수도 없죠. 하지만 사람도 누군가 때리려고 손을 들거나 가볍게 때리면 온몸을 움츠리는 건 비슷하죠.

얼 혹시 동물이 고통을 느낄 때 사람과 다른 행동을 하는 것도 있나요?

다윈 네. 있습니다. 소, 양은 극도의 고통이 아니면 몸짓으로든 소리로든 표현하질 않아요. 야생에서 몸짓과 소리는 포식자에게 노출되는 신호니까요.

얼 그럼 행동 말고 동물이 고통을 느낄 때 보여 주는 생리 현상은 무엇입니까?

다윈 소리가 대표적인 생리 현상이죠. 소와 양은 극도의 고통을 느끼면 소리를 내는데 이 소리는 가슴과 성대의 근육이 무의식적으로 수축해서 생깁니다. 우리가 뜨거운 불에 손이 닿았을 때 "앗!" 하고 소리를 내며 손을 떼는 것도 저절로 일어나는 현상이죠. 또 고양이처럼 털을 곤두세우거나 말처럼 부푼 콧구멍으로 거센 숨을 쉬는 것도 고통이나 공포를 느낄 때 나타나는 생리 현상이에요.

동물원 나들이 팁

① 진돗개, 풍산개, 삽살개를 볼 때
개들의 귀와 꼬리가 어떤 모양인지 살펴보세요. 귀가 쫑긋 세워져 있고 꼬리가 말려 올라가 있으면 용감한 상태고, 귀와 꼬리가 처져 있으면 겁먹은 거라고 해요.

② 얼룩말을 볼 때
얼룩말이 어떻게 자는지 관찰해 보세요. 얼룩말은 선 채로 눈을 감았다 떴다 하거나 뒷발의 발목 하나를 꺾고 잔다고 해요. 반드시 서서 자는 건 아니에요. 드물게 앉거나 누워서 자기도 해요.

진돗개가 귀를 쫑긋 세우고 꼬리를 말아 올리고 있으면
용감한 상태라고 보면 돼요.

동물은 고통을 못 느낀다 : 데카르트

얼 자, 이제 데카르트 선생님께 여쭙겠습니다. 선생님은 동물이 고통을 못 느낀다고 보시는 거죠? 근거를 설명해 주시겠습니까?

데카르트 조금 복잡하고 어려울지 모르지만 최대한 쉽게 설명해 보겠습니다. 우선 두 가지 용어를 알아야 합니다. 하나는 '동물 정기animal spirits'고 다른 하나는 '솔방울샘pineal gland'이에요. 동물 정기는 피의 미세한 입자입니다. 피는 심장의 열로 가열되면 수증기처럼 기체가 되는데 그 기체를 구성하는 미세한 입자를 동물 정기라고 불러요. 동물뿐 아니라 사람한테도 있어요. 동물 정기는 온몸에 퍼져 있는 신경의 가는 관을 타고 매우 빠른 속도로 움직입니다. 그러면 몸이 움직여요. 예를 들어 동물 정기가 팔로 가면 팔을 들거나 내릴 수 있어요. 마치 스카이댄서 같은 원리죠. 매장 앞에 설치하는 광고용 허수아비 아시죠? 공기를 주입하면 춤을 추는 풍선이요. 동물의 몸도 동물 정기가 주입되면서 움직인다는 겁니다.

얼 현대 과학은 동물 정기라는 건 없다고 보죠. 그리고 몸이 움직이는 건 신경세포의 연결망을 통해 전기 신호가 전달되어 근육을 움직이기 때문이라는 게 현대 생리학의 정설입니다. 그러나 데카르트 선생님 시절에는 아직 신경세포나 신경계의 활동에 대해 많이 알려지지 않아서 동물 정기로 몸을 움직이는 메커니즘을 생각하신 듯합니다. 나중에 보면 틀린 가설로 증명된다 해도 여러 가설을 제시하는 것을 그 시절 과학의 발달에 기여할 수 있습니다.

데카르트 이해해 주셔서 고맙습니다. 동물 정기와 더불어 또 하나 중요한 용어는 솔방울샘입니다. 사람을 포함해 거의 모든 척추동물의 뇌는 왼 뇌와 오른 뇌 사이에 있는 간뇌에 솔방울샘이 돌출해 있어요. 솔방울샘은 왼 뇌와 오른 뇌를 거쳐 오는 모든 동물 정기가 도착하는, 말하자면 중앙역이에요. 그리고 이 솔방울샘이 다시 동물 정기를 온몸으로 나아가게 만들죠. 예를 들어 제가 사자를 본다고 했을 때 두 눈의 동물 정기가 솔방울샘으로 집결해 제가 보는 것이 사자라는 것을 알 수 있어요. 제가 도망치고 싶어졌을 때 솔방울샘은 동물 정기를 두 다리 근육으로 나아가게 만들어요. 그러면 저는 다리를 움직여 도망치죠.

얼 현대 과학은 솔방울샘이 있다는 건 인정하지만 이 샘이 동물 정기를 움직이는 중앙역 역할을 한다는 것은 인정하지 않습니다. 현대 과학에서 솔방울샘은 수면 조절에 영향을 주는 호르몬을 분비하는 기관입니다. 하지만 데카르트 선생님은 동물 정기를 통제

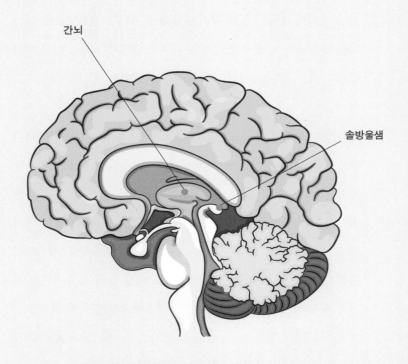

간뇌

솔방울샘

사람을 포함해 거의 모든 척추동물의 뇌는
왼 뇌와 오른 뇌 사이에 있는 간뇌에 솔방울샘이 돌출해 있어요.

하는 중심이 필요하고 왼 뇌와 오른 뇌에 대칭으로 두 개씩 있는 기관들보다 하나뿐인 간뇌에 하나뿐인 솔방울샘을 중심으로 보는 것이 적절하다고 판단하신 듯합니다.

데카르트 네. 솔방울샘은 쌍으로 있지 않고 하나뿐이라는 게 중요하죠.

얼 그럼 솔방울샘과 동물 정기의 움직임은 동물이 고통을 느끼지 못한다는 견해와도 관련이 있겠군요. 어떤 관련이 있습니까?

데카르트 동물 정기와 솔방울샘은 모든 척추동물이 가지고 있습니다. 사람도 마찬가지죠. 그리고 동물 정기와 솔방울샘의 움직임만 있으면 몸의 움직임뿐 아니라 감각을 포함한 모든 생리 운동을할 수 있어요. 개, 고양이, 심지어 물고기도 동물 정기와 솔방울샘이 있기 때문에 보고 듣고 냄새 맡을 수 있죠. 그러나 사람을 제외한 모든 동물은 영혼이 없습니다. 오직 사람만이 영혼을 가지고 있어요. 동물이 고통을 느끼지 못하는 것도 결국 영혼이 없기 때문입니다.

얼 잠깐만요, 선생님. 왜 사람만 영혼을 가지고 있다고 보시나요?

데카르트 영혼의 본성은 생각하는 것이기 때문입니다. 제가 남긴 말이 있죠.

나는 생각한다. 그러므로 나는 있다.

저는 이 말이 모든 참 지식을 얻는 출발점이라고 보는데요. 이 말의 뜻은 '생각한다'는 것이 '나'에겐 없어서는 안 될 가장 중요한 성질이라는 거예요. 생각한다는 것을 본성으로 가진 나는 다른 말로 영혼이죠. 그러나 사람 말고 다른 동물은 생각한다고 볼 수 없어요. 그러니까 동물은 영혼이 없다고 할 수 있죠.

얼 조금 어렵군요. 그러니까 선생님 말씀은 사람만이 영혼을 가지고 있기 때문에 고통을 느낄 수 있고, 다른 동물은 영혼을 가지고 있지 않기 때문에 고통을 느낄 수 없다는 뜻이네요. 그럼 한 걸음 더 들어가 보죠. 왜 영혼이 있으면 고통을 느낄 수 있고 영혼이 없으면 고통을 느낄 수 없나요?

데카르트 고통을 느끼려면 생리 반응만 있으면 안 되고 생리 반응을 알아차리는 심리 작용이 있어야 하기 때문이에요. 사람과 동물의 공통점은 동물 정기와 솔방울샘이 있는 몸을 가지고 있다는 거예요. 그러니까 사람도 개도 몸을 움직일 수 있고, 보고 듣고 냄새 맡고 맛볼 수 있죠. 그러나 영혼이 있어야 동물 정기와 솔방울샘이 움직여서 일어나는 몸의 움직임과 감각을 다시 알아차릴 수 있어요. 그래야 몸의 움직임과 감각에 대한 느낌이 생겨요. 동물은 영혼이 없기 때문에 동물 정기와 솔방울샘이 몸을 움직여 감각이 일어나더라도 몸의 움직임과 감각에 대한 느낌은 생기지 않아요.

얼 그래도 어렵군요. 우선 데카르트 선생님은 고통과 고통의 느낌을 구별하는 것 같습니다.

데카르트 네. 잘 보셨습니다. 고통과 고통의 느낌은 다르죠. 더 확대하면 모든 감각과 그 감각의 느낌은 달라요. 몸에서 동물 정기와 솔방울샘이 움직이면 감각은 생겨요. 그러니까 동물도 감각은 가질 수 있습니다. 그러나 영혼이 없으면 감각의 느낌은 생기지 않죠. 그러니까 동물은 고통을 가지지만 고통의 느낌은 가지지 못하는 겁니다.

얼 다윈 선생님이 말씀하셨듯이 개도 고통을 느낄 때 온몸을 비틀고 몸부림치며 짖어 대지 않습니까? 이게 고통의 느낌이 아닐까요?

데카르트 전투가 한창일 때 부상을 입은 군인은 고통을 느끼지 못할 수도 있다고 해요. 그러나 전투가 끝나면 극심한 고통을 느끼죠. 개가 온몸을 비틀고 몸부림치며 짖어 대는 것도 고통의 느낌 없이 한다고 볼 수 있어요.

동물은 의식을 한다 vs 동물은 의식을 못 한다

얼 다윈 선생님, 반론이 있으십니까?

다윈 과연 사람에게만 영혼이 있다고 말할 수 있을까요? 데카르트 선생님은 영혼의 본질을 생각하는 것이라고 말씀하시는데요. 사람을 제외한 동물은 전혀 생각하지 못한다고 볼 수 있을까요?

데카르트 생각은 의심, 이해, 의지, 상상 등을 포괄하는 넓은 개념입니다. 의심은 종류가 여럿인데요. 우선 감각기관으로 얻은 지식은 의심할 수 있어요. 예를 들어 멀리서 둥글게 보인 탑이 가까이서 네모로 보일 수 있죠. 또 꿈에서 생생하게 보이는 것도 실제로는 없으니까, 현실에서 생생하게 보이는 것도 실제로는 없는 것이 아닐까 의심할 만해요. 나아가 2 더하기 3은 5라는 수학 지식도 우리는 의심할 수 있어요. 전능한 신이 우리를 속여 2 더하기 3이 5가 아닌데도 5라고 믿게 만들 수 있기 때문입니다. 이런 의심을 사람 아닌 동물이 할 수 있을까요?

다윈 동물이 2 더하기 3은 5라는 것을 알 수 있는지, 또 수학 지식을 의심할 수 있는지는 분명치 않습니다. 그러나 개, 고양이, 말, 심지어 새도 꿈을 꿉니다. 이 동물들이 잠잘 때 움직이고 소리 내는 것을 보면 알 수 있어요. 개는 꿈꿀 때 낑낑거리는 소리를 내죠.

얼 개도 꿈을 꾼다고요? 그러나 데카르트 선생님이 말씀하신 문제는 동물이 현실을 꿈으로 의심할 수 있느냐는 겁니다.

다윈 동물들이 현실을 꿈으로 의심할 수 있는지는 분명치 않습니다. 그러나 의심이 많은 동물도 있습니다. 개의 조상은 늑대인데요. 비록 집에서 기르는 개는 주인에 대한 경계심과 의심을 잃어버린 듯하지만 그 조상인 늑대는 뛰어난 경계심과 의심 능력을 보여 주죠. 개는 이해 능력도 있습니다. 주인이 사냥개에게 "이봐, 어디에 있니?"라고 말하면 개는 사냥감이 있다는 소리로 받아들입니다. 그리고 주위를 재빨리 둘러보고 사냥감의 냄새를 맡기 위해 가까운 덤불 속으로 들어가요. 개의 이런 행동은 개가 동물을 사냥해야 한다는 생각을 머릿속에 가지고 있다는 것을 보여 줍니다.

데카르트 설사 개가 의심도 하고 이해도 한다고 해도, 개가 사람처럼 자기의 의심과 이해를 안다고 할 수 있을까요? 우리는 어떤 것을 의심하면 우리가 의심한다는 것을 다시 알 수 있습니다. 다른 말로 우리는 의심을 의식할 수 있죠. 개가 자기 의심을 의식할 수 있을까요? 저는 이런 의식 능력은 사람만이 가질 수 있다고 생각합니다.

다윈 저는 생물의 진화를 주장했습니다. 진화는 생물 종이 공동의 조상을 가진다는 뜻인데요. 예를 들어 침팬지와 사람은 두 종과 비슷한 제3의 공동 조상에서 유래했고 개와 늑대도 진화 계열 어딘가에 공동 조상이 있다는 거죠. 저는 마음의 능력도 진화했다고 봅니다. 그러니까 의심이나 이해 같은 마음의 능력이 사람 이전의 동물에게는 전혀 없다가 사람에게만 갑자기 나타났다고 볼 수 없어요. 마음의 능력도 사람 이전의 동물부터 사람까지 점진적으로 여러 단계를 거쳐 나타났다고 봐야죠. 그러면 마음의 능력은 침팬지, 고릴라, 오랑우탄, 보노보 같은 유인원, 개코원숭이, 일본원숭이 같은 원숭이, 돌고래, 개 등등으로 거슬러 올라갈 수 있습니다. 마음의 능력이 사람한테서 갑자기 뚝딱 생겨났다고 볼 수 없어요.

데카르트 사람과 나머지 동물 사이에는 점진적으로 발달하는 능력도 있겠죠. 그러나 차이도 있지 않겠습니까? 다윈 선생님은 마음의 능력 가운데 사람에게만 있는 독특한 능력이 무엇이라고 생각합니까? 저는 의식이 사람과 나머지 동물을 가르는 마음의 능력들 가운데 하나라고 생각합니다.

다윈 저는 사람에게만 있는 독특한 마음 능력은 없다고 생각합니다. 저는 감각과 의식뿐 아니라 감정, 호기심, 주의, 기억, 상상, 이성, 언어, 자의식, 미감, 도덕감 등 모든 마음 능력이 동물에게도 조금씩이나마 있다고 생각해요. 모든 마음 능력은 동물의 진화를 거치며 점진적으로 여러 단계를 거쳐 발달했다고 봅니다. 사람과 동물의 마음의 차이는 매우 크지만 틀림없이 종류kind가 아니라 정도degree의 차이입니다.

얼 두 분의 논쟁이 치열한데요. 제가 잠시 정리하겠습니다. 우리가 동물의 고통에 관해 이야기를 나누기 시작했는데요. 그러다 동물이 고통을 느끼고 의식할 수 있느냐는 문제를 거쳐 동물과 사람의 마음 능력의 차이 문제까지 왔습니다.

데카르트 선생님의 견해는 이렇게 정리할 수 있습니다.

동물은 고통의 감각을 가질 수 있지만 그 감각을 느끼고 의식할 수 없다. 감각과 감각의 의식이 동물과 사람을 나누는 차이다.

반면 다윈 선생님의 견해는 이렇죠.

동물은 고통의 감각을 의식할 수 있다. 고통의 감각과 의식뿐 아니라 모든 마음 능력은 동물부터 사람까지 점진적으로 여러 단계를 거쳐 진화했다. 동물과 사람의 마음 능력에는 정도의 차이만 있다.

앞으로 두 차례 더 대화를 나눌 겁니다. 남은 주제는 동물의 언어와 이성입니다. 곧 다시 모시겠습니다. 오늘 말씀 감사합니다.

동물원 나들이 팁

① 늑대를 볼 때

늑대와 개의 다른 모습을 찾아보세요. 늑대는 가슴이 좁고 길어요. 늑대가 혹시 '우우' 하고 소리를 지르지는 않는지 잘 들어 보세요.

② 문어를 볼 때

아쿠아리움에 가서 문어를 볼 때 피부색이 수족관의 배경과 비슷한지 살펴보세요. 피부의 질감도 배경과 비슷한지 살펴보세요. 문어는 피부의 색, 질감, 모양을 배경과 비슷하게 바꿀 수 있다고 해요.

늑대는 가슴이 좁고 길어요.
그리고 '우우' 하고 소리를 질러요.

5.
동물도 기쁨과
슬픔을 느낄까?

무척추동물인 문어, 척추동물 중 어류인 송어, 양서류인 개구리,
파충류인 이구아나가 감정을 느낄까요? 과학자들의 연구 결과
를 차례로 살펴보겠습니다.

암컷 문어 옥타비아의 일화도 인상적이다. 옥타비아는 수정이
됐을 가능성이 낮은 알을 낳고도 수개월을 살뜰히 보살폈다. 알
은 부화되지 못했고, 옥타비아도 극도로 쇠약해졌고, 병을 얻었
고 노망이 들어 죽게 됐다.

미국의 작가 사이 몽고메리Sy Montgomery가 《문어의 영혼》에서 한 말입니다. 문어는 자식을 보살피는 사랑의 감정을 느낄 수 있으므로 감정을 포함하는 영혼을 지닌다는 내용을 담고 있죠. 문어가 몸 색깔을 바꾼다는 사실은 잘 알려져 있어요. 문어는 피부에 있는 색소세포를 능숙하게 조절해 몸 색깔을 재빨리 바꿀 수 있어요. 그리고 몸 색깔의 변화를 통해 감정을 표현한다고 알려져 있어요. 예를 들어 포식자가 다가와서 두려움을 느끼면 문어의 몸은 갈색에서 붉은색으로 변한다는 거죠. **과연 문어에게 감정이 있을까요?**

문어도 사랑을 느낀다고?

조금 냉정하게 과학의 눈으로 접근해 보면 결론은 문어가 감정을 느끼는지도 불확실하고 감정을 몸 색깔의 변화로 표현하는지도 불분명하다는 거예요. 문어는 머리에 다리가 붙어 있어서 두족류라 불리는 동물에 속해요. 오징어, 낙지도 두족류죠. 일반적으로 두족류는 몸 색깔을 바꿀 수 있어요. 두족류가 몸 색깔

문어는 피부에 있는 색소세포를 능숙하게 조절해
몸 색깔을 재빨리 바꿀 수 있어요.

을 바꾸는 이유는 크게 두 가지예요. 하나는 위장이고 또 하나는 소통이죠.

위장은 두족류가 포식자에 대항하는 방어 수단이면서 먹이를 낚는 공격 수단이에요. 두족류는 친척인 조개나 가재처럼 딱딱한 껍질이 없기 때문에 먹히지 않으려면 보이지 않아야 해요. 또 보이지 않게 숨어 있어야 먹이를 낚을 수 있고요. 두족류가 포식자에게 보이지 않게 위장하는 방법은 여럿이에요. 색소세포를 이용해 몸을 배경과 닮은 색깔로 바꾸고 밝기도 조절해요. 몇몇 두족류는 피부 속에 있는 근육을 이용해 몸의 질감을 바꿀 수도 있어요. 또 다른 두족류는 자기 몸을 환경의 특정 대상과 닮아 보이게 만들 수도 있어요. 예를 들어 어떤 문어는 8개의 팔을 공처럼 말고 몸의 질감을 조절해 바위처럼 보일 수 있어요. 이렇게 위장을 해도 포식자에게 들키면 두족류는 먹물을 뿌리며 도망쳐요.

두족류는 몸 색깔의 변화를 이용해 같은 종 안에서 또는 다른 종과 소통을 하기도 해요. 오징어와 갑오징어의 수컷은 몸 색깔을 바꾸며 암컷을 유혹하는 구애 행동을 해요. 그러나 문어는 구애 행동이 별로 발달하지 않았어요. 두족류의 수컷은 몸 색깔을 변화시켜 다른 수컷의 공격을 방어하기도 해요. 오징어는 때로 한쪽 면은 구애의 색깔, 다른 쪽 면은 방어의 색깔을 동시에 보여 주기도 해요. 두족류는 포식자가 나타났을 때 몸 색깔뿐 아니라 자세도 바꾸고 몸을 크게 보이게 만들어서 잠시 도망칠 시간을 벌거나 포식자로 하여금 아예 물러나게 해요.

두족류가 몸의 색깔, 자세, 질감 등을 바꾸는 것은 위장과 소통의 기능을 할 뿐 감정이나 영혼을 표현하는 건 아니에요. 문어가 배경과 닮은 색깔로 위장한다고 해서 포식자가 지나갈 때 공포에 떨고 먹이가 지나갈 때 희망에 찬다고 말할 순 없어요. 확실한 건 문어가 위장하고 있으면 포식자에게 잡아먹히지 않거나 먹이를 낚아채는 결과를 얻을 수 있다는 것뿐이죠. 공포나 희망과 같은 감정 없이도 문어의 몸 색깔 변화는 얼마든지 설명할 수 있어요. 문어에게 감정이 있다고 말하려면, 특히 몸 색깔의 변화가 공포나 희망의 감정을 동반하는 거라고 말하려면 위장이나 소통의 결과 말고 다른 근거가 필요해요. 예를 들어 문어의 뇌에 감정을 담당하는 부위가 있다는 근거나, 공포나 희망의 감정이 일어나는 모습을 담은 뇌 영상 자료 같은 게 필요하죠. 이런 근거를 제시하는 과학자도 없지는 않지만 아직 충분하지 않아요.

송어가 도망친 이유

척추동물인 물고기에게 기쁨, 슬픔, 두려움 같은 감정이 있을까요? **도대체 우리는 물고기에게 감정이 있는지 없는지 어떻게 알 수 있을까요?** 동물의 감정을 아는 방법은 동물의 의식을 아는 방법과 마찬가지로 두 가지예요. 행동을 보거나 뇌를 연구하는 거죠. 지금부터 과학자들이 물고기의 행동을 보고 감정을 연구한 한 가지 실험을 소개하고 검토할 거예요.

네모난 통에 물을 붓고 가운데 칸막이를 세워 두 개의 방으로 나눈 실험 장치가 있어요. 칸막이 가운데에는 문이 뚫려 있어요. 통의 한쪽 벽에는 파리채처럼 생긴 그물망과 파란 조명이 설치되어 있어요. 그물망은 벽을 따라 위아래로 움직일 수 있어요.

우선 송어를 한 마리씩 물탱크에 넣어 환경에 적응하게 해요. 그다음 망을 넘어뜨려 송어를 한쪽 방에서 다른 쪽 방으로 건너가게 해요. 처음 망을 넘어뜨렸을 때 송어는 칸막이의 문을 지나 다른 방으로 건너가기도 하지만 탱크의 구석 쪽으로 가거나 어지럽게 왔다 갔다 하기도 해요.

실험은 2단계로 이뤄져요. 1단계는 망을 20차례 넘어뜨렸을

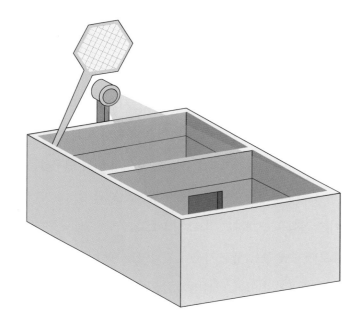

송어를 한 마리씩 넣어 환경에 적응하게 해요.
그다음 망을 넘어뜨려 칸막이를 건너가게 해요.

때 송어가 몇 번이나 다른 방으로 건너가는지를 실험하는 거예요. 실험 결과 송어 18마리 중 80퍼센트인 13마리가 문을 통해 다른 방으로 건너갔어요. 어떤 송어는 한 번에 건너갔고 다른 송어는 몇 번 만에 건너갔어요. 5마리는 끝내 건너가지 못했어요.

2단계는 망을 넘어뜨리기 전에 10초 동안 파란 빛을 비추는 거예요. 1단계에서 실패한 송어 5마리를 제외한 13마리를 대상으로 5일 동안 10차례씩 실험했어요. 실험 결과 파란 빛을 비추는 동안 다른 방으로 건너가는 데 성공한 비율이 첫날에는 평균 25퍼센트였고 마지막 날에는 평균 65퍼센트로 올라갔어요. 그러니까 첫날에는 파란 빛을 비추는 동안 송어들이 각각 10차례 중 평균 2~3차례 다른 방으로 건너갔고 마지막 날에는 평균 6~7차례 건너갔어요.

망을 넘어뜨렸을 때 송어가 다른 방으로 건너가는 행동이나 망을 넘어뜨리기 전 파란 빛을 비췄을 때 다른 방으로 건너가는 행동은 모두 회피 행동이에요. 도망치는 거죠. 그러나 두 행동의 성격은 달라요. 망을 넘어뜨렸을 때 송어가 다른 방으로 건너가는 행동은 즉각 반사 행동이에요. 우리가 뜨거운 불에 손이 닿았을 때 화들짝 놀라며 손을 떼는 것과 같은 행동이죠. 타고난 본능이라고도 해요. 반면 파란 빛을 비췄을 때 송어가 다른 방으로 건너가는 행동은 학습 행동이에요. 파란 빛이 10초 동안 비치고 나면 망이 넘어진다는 것을 송어가 학습하고 미리 도망친 거죠. 학습 행동의 동기는 감정에서 비롯될 수 있어요. 파란 빛이 비치고 나면 곧 망이 넘어질 거라는 두려움을 다른 방으로 도망치는 학습 행동의 동기로 삼았을 수 있어요. 이 실험의 결론은 송어가 감정을 동기로 삼는 회피 행동을 학습하니까 송어에게 감정이 있다고 봐야 한다는 거예요.

그러나 이 실험의 결론에는 중대한 약점이 있어요. 학습 행동이 반드시 감정에서 비롯되는 것은 아니라는 거예요. 학습 행동은 동물의 세계에서 매우 폭넓게 나타나요. 물고기부터 사람까지 거의 모든 척추동물과 많은 무척추동물이 학습 행동을 해요. 예를 들어 쌍살벌은 특정한 나비 애벌레의 무늬를 보고 그 애벌레를 먹지 않는 회피 학습을 할 수 있어요. 그 애벌레는 쌍살벌을 죽일 수 있는 독을 가지고 있죠. 그런데 쌍살벌이 이런 회피 학습을 하는 동기가 그 애벌레를 싫어하는 감정이라고 볼 순 없어요. 쌍살벌 같은 곤충이 감정을 느끼는 데 필요한 뇌 구조를 갖추고 있다고 보는 과학자는 거의 없기 때문이죠.

학습 행동은 감정 없이도 할 수 있어요. 앞에서 설명한 암묵 학습처럼요. 몸동작을 일일이 의식하지 않고 익히는 학습이죠.

암묵 학습은 뇌에서 대뇌와 소뇌를 제외한 뇌간과 척수가 조절해요. 척수는 척추 속에 뻗어 있죠. 쌍살벌도 뇌간이 있고 무척추동물이어서 척추는 없지만 척수를 대신하는 신경세포가 있으니까 의식 없는 암묵 학습인 회피 학습을 할 수 있는 거예요.

송어의 회피 학습도 암묵 학습일 가능성이 있어요. 어류는 의식을 담당하는 신피질이 없고 신피질과 기능이 같다는 외투에 대해서도 논란이 있어요. 그러니까 송어에게 학습 능력이 있는 건 틀림없지만 이 학습은 뇌간과 척수가 조절하는 암묵 학습이라고 보는 게 적합해요. 그렇다면 송어의 회피 학습도 쌍살벌의 회피 학습이나 우리의 수영 학습처럼 감정을 동기로 삼지 않을 수 있어요.

송어에게 감정이 있을까요? 적어도 회피 학습으로는 송어에게 감정이 있다는 걸 증명하지 못해요.

개구리, 이구아나, 쥐의 감정

개구리에게 감정이 있는지 확인하는 한 가지 방법은 개구리를 손으로 쓰다듬으면서 개구리의 심장 박동 수를 측정하는 거예요. 사람도 마찬가지지만 심장 박동 수가 늘어나면 흥분한 것으로 볼 수 있어요. 흥분도 감정이니까 심장 박동 수가 늘어나면 감정을 느낀다고 볼 수 있고요.

실험할 개구리는 황소개구리 5마리인데요. 우선 실험을 위해 수술을 해요. 마취를 하고 막대 모양의 전극을 심장 근처에 주사로 삽입해요. 또 하나의 전극은 배에 실로 묶어요. 그러면 심장의 신호가 두 전극을 거쳐 오실로스코프라는 장치에 나타나고, 심장 박동 수가 자동으로 측정돼요. 입력전압의 변화를 출력하는 오실로스코프는 병원에 입원한 환자들 곁에서 흔히 볼 수 있는 장치예요. 모니터에 오르락내리락하는 그래프가 뜨고, 환자가 사망하면 그래프가 수평을 그리죠.

실험할 황소개구리를 한 마리씩 플라스틱 우리에 놓아요. 그다음 세 가지 방식으로 실험해요. 첫째, 황소개구리를 우리에 가만히 놓아 둔 채 심장 박동 수를 재요. 둘째, 실험 연구자가 우리에서 황소개구리를 손으로 집어 들고 1분 동안 스트레스를 유발해요. 시끄럽게 떠들며 부드럽게 만지고 흔들면서 심장 박동 수를 재요. 셋째, 황소개구리를 다시 우리에 넣고 가만히 둔채 15분 동안 심장 박동 수를 재요. 5회씩 실험을 반복해요.

실험 결과 황소개구리 5마리의 심장 박동 수는 별로 변화가 없었어요. 황소개구리는 사람이 쓰다듬어도 흥분하지 않는다는 뜻이죠. 우리는 처음 본 강아지나 고양이를 귀여워하며 쓰다듬는 경우가 많아요. 강아지나 고양이는 낯선 사람이 쓰다듬으면 긴장해요. 심장이 두근거리게 마련이죠. 그런데 개구리는 낯선 사람이 쓰다듬어도 두근거리는 흥분의 감정을 느끼지 못하는 듯해요. 양서류에게는 감정이 없다는 사실을 뒷받침하는 실험 결과예요.

같은 실험을 파충류인 그린이구아나와 포유류인 집쥐에게 하면 개구리와 정반대의 결과가 나와요. 이구아나는 쓰다듬기 전 심장 박동 수가 1분 동안 평균 71회였지만 쓰다듬는 동안 평균 109회(±6회)로 늘었고, 최고 138회까지 올라갔어요. 이구아나는 쓰다듬기를 그친 뒤 높은 심장 박동 수를 유지하다가 10분 뒤 정상 수준으로 회복했어요.

쥐는 쓰다듬기 전에 심장 박동 수가 1분 동안 평균 358회(±5회)였고 쓰다듬기 마지막에는 462회로 뛰어올랐어요. 쥐의 심장 박동 수는 쓰다듬기를 그친 뒤에도 3분 동안 지속되었어요. 쓰다듬기를 그친 뒤 2분이 지났을 때 438회, 3분에는 416회였어요. 3분 이후에는 심장 박동 수가 낮아졌지만 쓰다듬

그린이구아나의 심장 박동 수 실험 결과는
감정이 파충류에게서부터 나타나기 시작한다는 걸 시사해요.

기 이전보다 높은 수준으로 머물렀어요. 황소개구리, 그린이구
아나, 집쥐의 심장 박동 수 실험 결과는 감정이 양서류가 아니
라 파충류부터 나타나기 시작한다는 걸 시사해요.

파충류에게도 감정이 있을까?

심장 박동 수 실험은 행동과 관련된 거예요. 그리고 동물의 마
음을 이해하는 또 하나의 방법은 뇌를 연구하는 거죠. 동물의
감정과 관련된 뇌 연구를 짧게 살펴보겠어요.

오래전부터 뇌의 '감정' 부분이라 불리는 부위가 있어요. 감
정을 담당하는 뇌 부위라는 뜻이죠. '변연계limbic system', 특히
'편도체amygdala'가 그에 해당해요.

변연계는 대뇌피질과 뇌간 사이에 있는 뇌 구조들의 집합이
에요. 감정, 행동, 기억 등 다양한 기능을 뒷받침한다고 알려져
있어요. 변연계는 포유류에게서 볼 수 있는데, 요즘 연구에 따
르면 파충류도 변연계의 기본 구조를 갖추고 있어요. 그러니까
변연계가 감정을 담당하는 부위라면 파충류부터 감정이 진화

했다고 볼 수 있어요.

그러나 한 가지 단서가 있어요. 감정은 크게 두 종류로 나눌 수 있어요. 예를 들어 볼게요. 들이나 산을 걷다가 뱀을 만나면 우리는 깜짝 놀라요. 느린 화면으로 우리가 놀라는 모습을 보면 눈의 동공이 커지고 얼굴, 어깨, 팔다리의 근육이 수축하며 입에서 짧은 비명이 터져 나오죠. 이 반응은 거의 자동이에요. 이때 우리의 감정은 위험한 자극에 대한 놀람이죠. 이렇게 깜짝 놀라는 반응을 일차 감정이라 해요. 일차 감정을 만드는 뇌 부위가 바로 변연계, 특히 편도체죠.

그런데 알고 보니 뱀이 아니라 고무호스였다고 해 봐요. 우리는 조금 전 깜짝 놀란 것에 대해 겸연쩍은 느낌이 들 거예요. 이 느낌이 이차 감정이에요. 겸연쩍은 느낌은 깜짝 놀란 감정이 실은 틀린 것이라고 의식할 수 있어야 생겨요. 그러니까 이차 감정은 의식이 필요해요.

일차 감정은 자동 반응이어서 의식이 필요 없어요. 앞에서 의식은 포유류의 대뇌피질인 신피질이나 신피질과 상동인 뇌 구조가 있어야 생긴다고 했어요. 그리고 어류와 조류가 신피질과 상동인 뇌 구조를 가지고 있는지에 대해서는 과학자들이 의견 일치를 보지 못하고 있다고도 했죠. 그러니까 파충류에게 의식이 필요한 이차 감정이 있는지는 아직 확실하지 않아요. 파충류는 변연계가 있으니까 의식이 필요하지 않은 일차 감정을 느낄 수 있지만 이차 감정을 느낄 수 있는지는 불분명하다는 게 파충류의 감정에 관한 최선의 결론이에요.

사자에게 마음이 있을까?

〈라이온 킹〉1994

〈라이온 킹〉에 등장하는 동물들에게는 감정이 있습니다. 용기, 두려움, 괴로움, 슬픔, 근심, 걱정 등 감정이 다양해요.

무파사 아빠는 필요할 때만 용감해진단다. 용기란 무모하게 부리는 게 아니야.

심바 하지만 아빠는 두려운 게 없으시잖아요.

무파사 아깐 두려웠다……. 널 잃을 줄 알았어.

스카 아무도 내 괴로움 몰라. 아무도 내 슬픔 몰라.

티몬 하쿠나마타타. 걱정 말라는 뜻이야. 하쿠나마타타. 근심 걱정 모두 떨쳐 버려.

반려동물을 기르면 동물에게 당연히 감정이 있다고 생각하게 된다고 해요. 주인을 반기는 개는 기쁨에 가득 찬 듯 보여요. 주인의 손길을 달가워하지 않는 고양이는 쌀쌀맞은 듯 보이고요. 도살장에 끌려가는 소는 슬픔과 두려움을 느끼는 듯 보이죠.

그러나 동물의 감정에 대한 이 모든 생각은 우리의 공감 능력을 증명할 뿐인지도 몰라요. 공감은 상대와 같은 감정을 느끼는 마음 능력이에요. 거지를 불쌍하게 여기는 것은 동정이에요. 거지가 슬픔을 느끼면 똑같이 슬픔을 느끼는 것이 공감이죠. 주인을 반기며 펄쩍펄쩍 뛰고 꼬리를 흔드는 개는 기쁜 것이겠거니 하고 우리가 느끼는 것일 수 있어요. 고양이의 쌀쌀맞음은 다른 사람들의 쌀쌀맞음을 많이 겪은 우리가 고양이에게 부여한 감정일 수도 있고요. 도살장에 끌려가는 소의 눈이 슬퍼 보이는 건 마치 내가 끌려가는 듯 슬픔과 두려움을 느끼기 때문일지 몰라요. 개의 기쁨, 고양이의 쌀쌀맞음, 소의 슬픔과 두려움은 모두 우리가 개, 고양이, 소에게 부여하고 똑같이 느끼는 감정이니까 우리의 공감 능력을 보여 줄 뿐 동물의 감정을 보여 주지는 않는다고 말할 수 있어요.

남의 마음을 읽는 능력

사람은 두세 살쯤 되면 나와 남의 마음을 읽는 마음 이론을 갖춰요. 숨바꼭질 놀이는 내가 숨는 곳을 남인 술래가 모를 거라고 생

고양이가 쌀쌀맞아 보이는 건 다른 사람들의 쌀쌀맞음을 많이 겪은 우리가
고양이에게 부여한 감정 때문일 수 있어요.

각해야 가능해요. 숨바꼭질하는 아이는 술래의 마음을 읽을 수 있어요. 또 이때 아이는 자기 마음도 읽을 수 있어요. 술래가 짐작하는 곳에 대한 자기 생각이나 술래가 짐작하지 못하는 곳에 대한 자기 생각을 알아야 숨을 수 있으니까요.

심바 스카, 난 전부 극복했다.

스카 숨겨진 과거는? 그것도 극복했나?

사라비 심바, 무슨 얘기야?

스카 아직 얘기하지 않은 모양이지? 무파사의 죽음이 누구 때문이었는지 말해.

심바 나 때문이었어…….

고향에 돌아온 심바가 스카에게 왕좌에서 물러나라고 하자 스카는 심바의 비밀을 폭로해요. 스카는 심바가 무파사의 죽음에 대해 자책한다는 걸 알기 때문이죠. 스카는 심바의 마음을 읽고 있어요. 심바도 자기 마음을 알아요. "나 때문이었어……"라고 고백한 것은 자기 마음속에 있는 생각을 읽고 드러낸 거죠.

티몬 저들은 모르고 있어. 저 애들은 서로 사랑해.

〈라이온 킹〉에서 마음 이론, 즉 마음 읽기 능력은 여러 군데서 드러나요. 티몬이 날라와 심바를 보며 서로 사랑한다고 말하는 것도 두 사자의 마음을 읽고 있다는 뜻이죠. 누군가를 짝사랑하면 상대가 나를 사랑하는지 아닌지는 몰라도 내가 상대를 사랑하는 것은 확실히 알아요. 내가 내 마음을 알죠. 날라와 심바는 아직 자기 마음이나 상대 마음을 읽지 못한 것일 수 있어요. 그러나 머지않아 두 사자도 자기 마음과 상대의 마음을 읽을 거예요. 날라와 심바는 사랑에 빠지고 후계자를 낳아요.

동물도 미움을 느낄까?

〈라이온 킹〉의 중요한 모티브는 야생 세계에서 수컷 사자가 우두머리 수컷을 물리치고 암컷 사자들을 차지하면 그 자식들을 모두 물어 죽이는 습성이 있다는 거예요. 잔인해 보이지만 자연스러워요. 우두머리를 물리친 사자는 힘이 좋든 머리가 좋든 둘 다 좋든 제일 뛰어나요. 그리고 암사자들이 덜 뛰어난 사자의 새끼를 기르는 데 시간과 에너지를 쓰는 것보다 더 뛰어난 사자의 새끼를 낳아 기르는 것이 적자생존 면에서 더 유리하죠.

스카의 행동은 자연스러워요. 스카는 무파사보다 몸이 허약하지만 지능이 뛰어나요. 침팬지의 경우 젊은 수컷들이 패거리를 지어 늙은 우두머리 수컷을 공격하기도 하고 어른 암컷들이 동맹해서 어린 암컷을 쫓아내기도 해요. 똑똑한 것도 실력이죠. 스카는 뛰어난 머리를 이용해 무파사를 죽여요. 그리고 심바도 죽이려 해요. 직접 죽이지 않고 하이에나를 시키는 게 야생과 다르지만 죽이는 건 같아요. 스카가 무파사나 심바를 죽이려 할 때 미움의 감정을 느꼈을까요?

스카 난 그 애송이 때문에 서열 1위에서 밀려났어!

스카 날 무시하다간 큰코다칠 걸요.

스카는 심바의 왕위 계승자 명명식에 참석하지 않은 이유를 묻는 무파사에게 대들고 등을 돌려요. 무파사는 스카에게 "도전하는 거냐?" 하며 으르렁거리죠. 스카는 꼬리를 내려요.

스카 성질도 급해라. 천만의 말씀이에요.

사람이라면 서열이 강등될 때 자존심이 상하고 화가 날 거예요. 스카도 화가 나 잠시 대들지만 무파사의 기세에 눌려 자존심을 스

우두머리 수컷을 물리친 수컷 사자는 그의 자식들을 모두 물어 죽여요.
가장 뛰어난 사자의 새끼를 낳아 기르는 것이 적자생존에 유리하니까요.

스로 누르고 교활하게 고개를 숙이죠. 사람으로 치면 스카는 마치 이중인격자, 다중인격자처럼 감정 조절이 뛰어나요.

그러나 스카의 모습에서 감정, 자존심, 교활한 생각 등 머리로 하는 일을 몽땅 제거하고 행동만 남겨 보면 어떨까요?

스카는 심바의 왕위 계승 명명식에 참석하지 않아요.
스카는 무파사에게 등을 돌려요.
스카는 으르렁거리는 무파사에게 꼬리를 내리고 고개를 숙여요.

스카의 모습은 감정의 동요가 보이지 않는 건조하고 재미없는 행동으로 남아요. 감정, 계산, 예측 등 여러 가지 마음 능력을 동원하면 왜 스카가 심바의 왕위 계승 명명식에 참석하지 않는지, 왜 스카가 무파사에게 등을 돌리는지, 왜 스카가 무파사에게 꼬리를 내리고 고개를 숙이는지 등을 쉽게 설명할 수 있어요. 스카는 자존심이 상하고 화가 나서 명명식에 참석하지 않고 무파사에게 대든 거라고 설명할 수 있죠. 또 스카는 두려워서 무파사에게 꼬리를 내리고 고개를 숙인 거라고 설명할 수 있어요.

그러나 스카의 행동만으로도 상황을 설명할 수 있어요. 스카는 수컷 사자의 유전자에 있는 명령, 즉 우두머리 자리와 암컷들을 차지하라는 명령에 따라 명명식에 참석하지도 않고 무파사에게 대든 거라고 설명할 수 있어요. 그러나 결국 근육의 힘이 모자라 무파사에게 복종한 거라고 설명할 수 있고요.

이 관점을 확장하면 〈라이온 킹〉 전체를 동물의 마음 능력 없이 행동만으로 설명할 수 있어요. 마치 지렁이나 모기의 일생을 설명하는 데 감정, 자존심, 생각 등을 동원할 필요가 없는 것과 같아요. 사자는 지렁이나 모기보다 뇌가 크고 발달했으니까 마음 능력을 동원해 설명해야 한다는 견해도 있어요. 그러나 마음 능력 없이 행동만으로 설명할 수 있다는 반론도 있죠. 사람을 뺀 동물의 행동은 마음 능력 없이도 이루어지는 것이 아닐까요?

① 사자를 볼 때

사자가 관람객을 '그림의 떡'으로 보는지 관찰해 보세요. 서양에는 사자 우리를 아주 두꺼운 유리 벽으로 만들어 관람객이 코앞에서 사자를 볼 수 있게 해 놓은 동물원도 있어요. 사자가 관람객을 급습하다 유리 벽에 부딪히는 모습도 자주 보여요.

② 멧돼지를 볼 때

멧돼지가 정말 지저분한지 살펴보세요. 많은 동물은 스스로 위생 관리를 해요. 흙이나 물에 몸을 씻기도 하죠. 그래야 건강을 유지하기 때문이에요. 위생 관리는 유전자가 시키는 일이에요.

③ 미어캣을 볼 때

어떤 미어캣이 보초를 서는지 살펴보세요. 미어캣은 보초를 서는 습성으로 유명해요. 보초 서는 순서도 있어요. 늙은 수컷, 늙은 암컷, 우두머리 수컷, 젊은 암컷 순이에요.

④ 코뿔새를 볼 때

코뿔새 코의 뿔이 어떻게 생겼는지 관찰해 보세요. 먹이를 어떻게 먹는지도 살펴보세요. 코뿔새는 부리 끝으로 먹이를 던져 받아먹는다고 해요.

미어캣은 늙은 수컷, 늙은 암컷, 우두머리 수컷,
젊은 암컷 순으로 보초를 서요.

동물에게도
언어가 있다?

'영리한 한스Clever Hans'라는 이름을 가진 말이 있었어요. 독일의 고등학교 수학 교사이며 아마추어 말 사육사인 빌헬름 폰 오스텐Wilhelm von Osten이 주인이었죠. 수학 문제를 풀 줄 알아서 '수학 말The Math Horse'이라는 별명도 있었어요. 19세기 말부터 알려져 1904년에는 〈뉴욕타임스〉에도 소개되었어요. 동물의 감정과 지적 능력을 다룬 다윈의 책들이 출판되어 동물 지능에 대한 사람들의 관심이 높은 시절이었죠.

수학 문제를 푸는 말

한스는 덧셈, 뺄셈, 곱셈, 나눗셈, 분수 계산, 시각 맞추기, 음 구별하기, 독일어 읽고 이해하기 등을 했다고 해요. 예를 들어 시범 공연에서 폰 오스텐이 한스에게 물어요.

"이번 달 여덟째 날이 화요일이면 다음 금요일은 며칠일까?"

한스는 발굽을 두드려서 대답하죠. 질문은 말로 하거나 글로 했어요. 한스는 질문하는 사람이 주인이 아닌 경우에도 잘 알아맞혔어요.

한스에 대한 사람들의 관심이 높아지자 독일 교육부는 폰 오스텐의 주장을 조사하는 위원회를 꾸렸어요. 이 위원회는 1904년 속임수가 없다고 발표했죠. 그러나 1907년 심리학자 오스카 펑스트Oskar Pfungst는 한스가 어떻게 답을 맞히는지 알아냈어요. 질문하는 사람이 답을 아는 경우에만 한스가 잘 알아맞힌다는 사실을 발견했죠. 질문하는 사람이 답을 알 때 한스가 답을 맞힐 확률은 89퍼센트였지만 답을 모를 때 확률은 6퍼센트였어요.

펑스트는 질문하는 사람의 행동을 자세히 관찰했어요. 한스

사람들은 한스에게 독일어를 이해하는 능력이 있는 줄 알았어요.
한스는 말로 질문을 해도 답을 알아맞혔고 글로 해도 알아맞혔어요.

의 답이 정답에 가까워질수록 질문한 사람의 표정이나 자세가 긴장되다가 한스가 마지막 발굽을 두드릴 때 긴장이 표출된다는 걸 밝혔어요. 이렇게 표출된 긴장이 한스에게 발굽을 그만 두드리라는 신호가 된 거죠. 말들은 아주 작은 자세의 변화로도 서로 소통할 수 있다고 해요. 그러니까 질문하는 사람이 사기를 칠 의도가 없었음에도 한스는 신호를 포착할 수 있었죠. 한스는 정말 영리했어요. 그러나 '수학 말'은 아니었어요.

영리한 한스는 동물의 마음을 연구하는 과학자들에게 중요한 반면교사예요. 동물을 시험할 때 신호를 주면 안 된다는 걸 가르쳐 주죠. 요즘 과학자들은 시험할 때 낯선 사람을 들여보내거나 사람의 얼굴을 가리는 등 동물에게 신호를 주지 않으려고 노력하고 있어요.

동물의 언어 능력을 연구하는 과학자들도 마찬가지예요. 처음에 사람들은 한스에게 독일어를 이해하는 능력이 있는 줄 알았어요. 한스는 말로 질문을 해도 답을 알아맞혔고 글로 해도 알아맞혔어요. 그러나 한스는 대답을 모두 발굽 두드리기로 했고 마지막 신호를 포착했으니까 말과 글은 중요하지 않았죠.

요즘 과학자들이 언어 능력을 연구하는 동물은 앵무새, 그리고 침팬지, 보노보 같은 유인원이에요. 특별히 새들이 지저귀는 소리나 벌의 춤을 동물 언어의 범주에 넣어 연구하는 과학자들도 있어요. 이 책에서는 유인원과 앵무새의 언어 연구 성과를 살펴볼 건데요. 우선 유인원이에요.

수화하는 침팬지들

침팬지, 고릴라, 오랑우탄, 보노보는 사람과 가장 가까운 친척인 유인원의 네 종이에요. 유인원은 앵무새와 달리 사람의 말을 발음하지 못해요. 앵무새처럼 발달한 혀나 목구멍 같은 발성기관이 없기 때문이죠. 그런데 심리학자이자 유인원 연구의 선구자인 로버트 여키스Robert Yerkes는 유인원에게 농아를 위한 수화를 가르칠 수 있다고 주장했어요. 그리고 40년쯤 지난 뒤 비교심리학자인 앨런 가드너Allen Gardner와 베아트리체 가드너Beatrice Gardner 부부가 여키스의 주장을 증명하려 했어요.

가드너 부부는 2세 때 사로잡힌 야생 암컷 침팬지 워쇼Washoe를 집 뒤뜰 트레일러에서 아이처럼 키웠어요. 그리고 수화 기호를 천천히 끈질기게 가르쳤죠. 가드너 부부는 처음에 먹이와 놀이를 보상으로 주면서 수화를 가르쳤어요. 그러나 보상에 대한 반응은 수화의 의미를 이해한 것이 아니라는 반론을 받고 음식 보상이나 간질임 같은 놀이 보상을 점차 없앴어요. 워쇼는 350개의 수화 기호를 터득했어요. 나아가 호수에서 백조를 보고 '물water 새bird'라는 두 기호를 스스로 조합했어요.

그러나 언어학자들은 워쇼의 성취를 의심했어요. 놈 촘스키 Noam Chomsky를 비롯한 언어학자들은 예나 지금이나 언어의 정수를 통사라고 봐요. 통사는 낱말들로 문장을 만드는 규칙이에요. 문법의 일부죠. 가드너 부부는 워쇼가 두 낱말을 '물 새'라고 조합한 것이 통사 능력을 입증한다고 주장했어요. 그러나 언어학자들은 워쇼가 '물'과 '새'를 조합한 것도 연합 학습의 산물일 가능성이 있다고 반박했어요. 일정한 자극과 일정한 반응이 반복되어 둘이 연결되어 있다고 배운 거예요. 가드너 부부가 가르친 워쇼 덕분에 유인원에게 통사 능력, 곧 낱말들로 문장을 만드는 능력이 있는지를 밝히는 것이 유인원 언어 연구의 핵심 과제가 되었어요.

나는 너를 좋아해.
너는 나를 좋아해?

너는 나를 좋아해.

나는 너를 좋아할까?

'나', '너', '좋아하다'라는 세 낱말로 만들 수 있는 문장들입니다. 낱말들을 문장으로 엮는 통사 규칙이 사용되고 있어요. 예를 들어 목적어를 주어와 술어 사이에 넣는 규칙 같은 거죠. 세 낱말로 만들 수 있는 문장이 넷뿐일까요?

나는 네가 좋아하는 나를 좋아해.

너는 내가 좋아하는 너를 좋아해?

너는 나를 좋아하는 너를 좋아해?

나는 너를 좋아하는 나를 좋아할까?

전 세계에 있는 언어는 2,000여 종이라고 합니다. 대부분의 언어가 두 가지 통사 규칙을 공통으로 갖추고 있다고 해요. 하나는 '는', '가', '을'과 같이 가리키는 대상이 없는 낱말이 있다는 거예요. 조사라고 하죠. 또 하나는 문장 속에 문장을 넣는 규칙이에요. '나는 네가 좋아하는 나를 좋아해'는 '나는 나를 좋아해'라는 문장 속에 '네가 좋아하는'이라는 문장이 들어 있어요.

우리가 사용하는 낱말은 몇 개쯤 될까요? 국어사전이나 영어사전에는 수십만 개의 낱말이 들어 있지만 일상생활에서 쓰는 낱말은 많아야 수천 개쯤일 거예요. 수천 개든 수십만 개든 낱말의 개수는 유한해요. 그러나 우리가 만들 수 있는 문장, 서로 다른 의미를 가진 문장의 개수는 무한해요. 문장 속에 문장을 넣는 통사 규칙이 있기 때문이에요.

나는 네가 좋아하는 그(1)를 좋아하지 않는 그(2)를 좋아하는 …… 그(n)를 좋아하지 않아.

n은 무한이 될 수 있어요. 한 문장도 무한히 길어질 수 있다는 뜻이죠. 이렇게 무한히 긴 문장이 무한히 많을 수 있고요. 아이는 한두 살 때 "엄마"라는 말을 뱉은 뒤 약 10년 동안 하루에 10개 정도씩 새 낱말을 익혀요. 3만 6,500여 개죠. 또 아이는 가르쳐 주지 않아도 문장 속에 문장을 넣는 통사 규칙을 익히고 사용해요.

다시 침팬지 이야기로 돌아가 봐요. 행동심리학자 허버트 테라스Herbert Terrace는 침팬지가 통사 규칙을 안다고 증명하려 했으나 실패하고 오히려 정반대의 결과를 얻었어요. 테라스는 태어난

지 2주 된 침팬지를 아이와 같이 살게 하면서 비디오테이프로 촬영해 면밀히 분석했어요. 침팬지의 이름은 님 침스키Nim Chimpsky라 붙였죠. 언어학자 놈 촘스키의 이름에 빗댄 거예요. 님은 3년 반 동안 125개의 수화를 배웠어요. 님은 대개 짧은 문장을 구사했지만 16개의 기호로 구성된 긴 문장도 수화로 말했어요.

나에게 오렌지를 달라 달라 오렌지를 먹는다 나에게 오렌지를 먹는다 나에게 달라 오렌지를 먹는다 나에게 달라 너Give orange me give eat orange me eat orange give me eat orange give me you.

테라스는 님의 행동과 수화를 면밀히 분석한 결과 님의 낱말 학습에는 낱말 수가 급증하는 스퍼트가 없다는 걸 발견했어요. 아이는 "엄마"라고 말하기 시작하면 하루에 약 10개씩 낱말을 빠르게 배워 나가요. 그러나 님은 새 낱말을 배우는 데 첫 낱말을 배우는 것과 같은 시간과 노력이 들었어요. 또 테라스는 님이 말한 16개 기호의 긴 문장에 통사 규칙이 없다고 판단했어요. 테라스는 이 문장에서 '나에게', '달라'와 같은 낱말을 아무 곳에나 끼워 넣을 수 있는 '와일드카드'라고 보았어요. 이 문장은 교사가 먼저 말한 것, 예를 들어 '나에게 오렌지를 달라' 또는

'오렌지를 먹는다'에 와일드카드를 여러 차례 아무 데나 끼워 넣은 것이죠. 테라스는 님이 만든 긴 문장은 교사를 흉내 낸 것일 뿐이고 그저 어떤 기호를 말하면 어떤 결과가 나오는지 간단히 학습한 거라고 결론을 내렸어요.

키보드를 두드리는 보노보

동물의 언어에 관해 쌍벽을 이루는 연구 성과가 있어요. 하나는 아프리카 회색앵무 알렉스Alex 연구고, 또 하나는 보노보 칸지 Kanzi 연구예요. 알렉스 연구는 뒤에서 살펴볼게요.

칸지는 영장류학자 수전 새비지럼보Susan Savage-Rumbaugh가 연구했어요. 새비지럼보는 수화 대신 '렉시그램lexigram'이라 불리는 특수한 인공 문자로 칸지에게 말을 가르치고 칸지와 소통했어요. 렉시그램은 컴퓨터 키보드를 확대한 것과 비슷한 도판이에요. 특수한 추상 기호들이 그려져 있죠. 예를 들어 바나나의 렉시그램은 노랗고 긴 모양이 아니라 네모 모양이에요. 우리가 쓰는 문자는 상형문자가 아니면 대부분 모양이 사물과 다른 추상 기호죠. 그래서 보노보도 언어를 이해하고 사용할 수 있다고 주장하려면 언어를 기하학적인 모양의 추상 기호로 가르쳐야 했어요. 새비지럼보는 칸지가 키보드의 위치를 외우지 못하게 때때로 위치를 바꿔서 기호를 세심하게 찾게 만들기도 했어요.

칸지는 처음에 엄마 보노보와 함께 렉시그램을 배우는 수업에 참여했지만 별 관심을 보이지 않았어요. 그러다 엄마가 떠나고 홀로 남은 첫날 키보드를 사용했어요. 태어난 지 6개월 정도 되었을 때죠. 칸지는 '사과'와 '뒤쫓다'를 누른 뒤 사과를 집어 들고 웃는 표정을 지으며 달아났어요. 사과를 들고 뒤쫓기 놀이를 하자는 뜻이었죠.

칸지는 아이가 한두 살 때 갑자기 말문을 틔우듯이 렉시그램을 단번에 익혔어요. 그러자 새비지럼보는 렉시그램 기호를 체계적으로 가르치려던 계획을 접고 칸지가 스스로 기호를 배울 수 있는 환경을 제공했어요. 칸지는 자유롭게 살면서 17개월 동안 50개의 기호를 습득했어요. 그리고 '솔방울 숨기기'와 같은 복수의 기호를 키보드로 말하기도 했어요.

새비지럼보는 칸지가 18개월일 때 음성 언어도 이해하는지 조사했어요. 칸지에게 3개의 사물 사진을 보여 주고 그중 하나를 달라고 영어로 말하는 실험을 했죠. 칸지는 180회의 영어 듣

새비지럼보는 렉시그램이라는 특수한 인공 문자로
칸지에게 말을 가르치고 소통했어요.

기 실험 중 93퍼센트를 성공했어요. 새비지럼보의 결론은 보노보가 자발적으로 사람의 기호를 습득할 수 있고 음성 언어의 낱말도 이해할 수 있다는 거예요.

촘스키 vs 다윈

과연 칸지가 통사 규칙을 이해하고 렉시그램을 사용한 걸까요? 통사는 낱말들로 문장을 구성하는 규칙이에요. 그리고 사람이든 동물이든 통사를 이해하고 사용하려면 몇 가지 조건을 충족해야 합니다. 두 가지 조건만 살펴볼게요.

첫째, 각 기호가 독자의 지위를 가져야 합니다. 예를 들어 칸지가 '쫓는다'와 '개'의 조합으로 '쫓는다 개'라는 문장을 말하면 두 낱말을 다른 문장에서도 쓸 수 있어야 합니다. '쫓는다 사과'나 '개 은신처' 같은 문장으로요. 칸지는 이 조건을 충족합니다. 같은 기호를 다른 문장에도 사용해 다양한 조합을 만들었기 때문이에요.

둘째, 기호들의 범주들 사이에 일정한 연관 규칙이 있어야 합니다. 칸지는 항상 행동이 먼저고 대상이 나중인 규칙을 사용하기 때문에 이 조건도 충족합니다. 예를 들어 '달라 바나나', '간질이다 공'에서 '달라'와 '간질이다'는 행동의 범주에 속하고 '바나나'와 '공'은 대상의 범주에 속하죠. 칸지는 영어를 배웠기 때문에 동사가 목적어보다 먼저인 통사 규칙을 익혔습니다. 만일 칸지가 한국어를 배웠으면 목적어가 동사보다 먼저인 통사 규칙을 익혔겠죠. 우린 '바나나를 달라'라고 말하니까요. 새비지럼보는 칸지가 통사 규칙을 이해하고 사용한다고 볼 수 있는 조건들을 충족한다고 결론을 내려요. 언어 능력이 사람에게만 있다는 오랜 전통이 깨졌다고 보는 거죠.

반론도 있어요. 한 가지만 소개할게요. 우선 칸지가 사용하는 문장은 보통 낱말 2~3개로 이루어져 있는데 이런 문장은 통사 규칙을 포함하지 않는다고 볼 수도 있어요. 예를 들어 '갖다줘 나에게 빨대'라는 세 낱말의 조합은 '나에게 빨대를 갖다줘'라는 뜻으로 이해해야지, '나를 빨대에게 갖다줘'라는 뜻으로 이해할 순 없어요. '나', '빨대', '갖다줘'라는 세 낱말로 할 수 있는 행동이 뻔하다는 뜻이에요. 칸지가 통사 규칙을 이해하지 못해도 이 세 낱말의 조합을 만들고 이해할 수 있다는 거죠.

칸지가 통사 규칙을 알고 쓰는지 시험하는 한 가지 좋은 방법은 도치 문장을 이해하는지 조사하는 거예요. 예를 들어 '공을 모자 위에 놓아라Put the ball on the hat'와 '모자를 공 위에 놓아라 Put the hat on the ball'를 함께 시험하는 거죠. 실제로 칸지에게 도치 문장을 이해하는지 시험했는데 정확도가 50퍼센트 이하로 떨어졌어요.

사람은 30피트쯤 날 수 있다. 올림픽에서 멀리뛰기 선수가 하는 일이다. 그러나 이것이 나는 걸까?

촘스키가 한 말이에요. 사람이 9미터쯤 멀리 뛰는 것을 난다고 할 수 없다면 칸지나 유인원이 낱말을 말하고 두세 낱말로 된 문장을 말하는 것도 말한다고 할 수 없다는 뜻이에요.

나는 네가 좋아하는 나를 좋아해.

사람이 유한한 개수의 낱말로 만들 수 있는 서로 다른 의미를 가진 문장의 수는 무한해요. 문장 속에 문장을 넣는 통사 규칙 덕분이죠. 다른 동물들이 넘보기 어려운 벽이에요. 그러나 다시 다윈의 말을 들어봐요.

사람과 고등동물의 마음의 차이는 매우 크지만 틀림없이 종류
가 아니라 정도의 차이다.

《인간의 유래와 성선택》

언어 능력도 마찬가지예요. 다윈의 눈으로 보면 언어 능력도
진화의 산물이기 때문에 사람을 제외한 모든 동물에게 없다가
사람에게 갑자기 등장했다고 볼 수 없어요. 언어 능력도 감각,
감정 등 다른 능력처럼 동물부터 사람까지 서서히 진화했다고
봐야 한다는 뜻이죠.

사람의 마음과 동물의 마음 사이에 있는 벽을 허물려는 다윈
과 이 벽을 지키려는 촘스키 또는 데카르트의 싸움이 아직도 끝
나지 않고 있어요. 아마 앞으로 오랫동안 계속될 거예요. 그리
고 동물 언어에 대한 과학 연구의 성과도 새 지평이 계속 열릴
거고요. 어쩌면 끝나지 않는 싸움과 논쟁이 과학 연구가 전진하
는 데 동력이 될 거예요.

동물도 서로
대화를 할까?

얼 안녕하세요. 지난번에는 동물의 고통에 관해 함께 이야기를 나눴는데요. 이번에는 동물의 언어에 관해 의견을 듣기 위해 데카르트 선생님과 다윈 선생님을 다시 모셨습니다. 나와 주셔서 감사합니다.

까치의 말하기는 정념의 표현이다 : 데카르트

얼 이번에는 순서를 바꿔 데카르트 선생님의 의견을 먼저 듣고 다윈 선생님의 의견을 듣겠습니다. 동물의 언어에 관해서도 두 선생님의 의견은 정반대죠. 우선 데카르트 선생님은 동물에게 언어 능력이 없다고 생각하시죠?

데카르트 그렇습니다. 저는 사람을 제외한 동물에게는 언어를 이해하고 사용하는 능력이 없다고 생각합니다.

얼 선생님은 앵무새나 까치 같은 새의 언어에 대해서도 의견을 직접 밝히신 적이 있어요. 1646년 11월 23일 뉴캐슬 후작 윌리엄 캐번디시William Cavendish에게 보낸 편지에서 말씀하신 건데요. 제가 읽어 보죠.

만일 까치에게 하녀가 오는 걸 보고 "안녕"이라고 말하게 가르치려면 당신이 해야 할 일은 까치가 이 낱말을 입 밖으로 내는 것을 한 가지 정념의 표현으로 만드는 것이다. 예를 들어 까치가 그 말을 할 때마다 한 조각 음식을 얻으면 그 말은 먹고 싶은 바람의 표현이 될 것이다.

이 말씀에 대해서는 궁금한 것이 많아요. 우선 데카르트 선생님도 까치가 "안녕"이라고 말할 수 있다는 건 인정하시죠?

데카르트 네. 까치나 앵무새가 사람의 목소리를 흉내 내어 발음하는 것은 널리 알려진 사실이죠.

얼 선생님은 까치가 "안녕"이라고 말하는 것이 음식을 먹고 싶은 바람을 담은 정념의 표현이라고 말씀하셨는데요. 정념이 무엇입니까? 까치에게 정념이 있을 수 있나요?

데카르트 정념은 다른 말로 감정, 예를 들어 기쁨, 슬픔, 바람 같은 것이라고 할 수 있지만 이건 정념을 좁게 본 겁니다. 넓게 보면 정념은 눈, 귀, 코, 혀, 살로 얻는 색, 소리, 냄새, 맛, 감촉 등에 대한 외부 감각과 뜨거움, 아픔, 배고픔, 목마름 같은 내부 감각도 포함해요. 넓은 의미에서 정념은 지각이라 부를 수도 있어요.

얼 그런데 감정, 감각, 지각은 영혼이 있어야 가질 수 있지 않을까요? 선생님은 사람 말고 다른 동물에게는 영혼이 없다고 보시는데 동물에게 감정, 감각 같은 정념 또는 지각이 있을까요?

데카르트 지난 대화에서 제가 말씀드린 것을 복기할 필요가 있는데요. 정념은 고통의 감각과 마찬가지로 동물 정기와 솔방울샘의 움직임에 의해 발생합니다. 동물 정기는 피의 미세한 입자이고 파이프처럼 생긴 신경관 속에서 매우 빨리 움직인다고 말했죠. 솔방울샘은 왼 뇌와 오른 뇌 사이에 있는 간뇌에 솟아 있는 내분비샘이고요. 동물 정기와 솔방울샘이 움직이면 사람이든 동물이든 정념이 생깁니다.

얼 선생님, 쉽게 예를 들어 설명해 주시겠습니까?

"까치가 '안녕'이라고 말하는 것은
음식을 먹고 싶은 바람을 담은 정념의 표현입니다."

_데카르트

데카르트 네. 예를 들어 어떤 동물이 다가오는 모습을 본 우리에게 두려움의 정념이 생기는 과정은 이렇습니다. 우선 우리가 두 눈으로 그 동물을 보면 양쪽 뇌에 하나씩 두 개의 이미지가 생겨요. 두 개의 이미지는 동물 정기의 움직임 형태로 솔방울샘에 전달되죠. 그러면 하나뿐인 솔방울샘이 움직이면서 두 개의 이미지를 하나의 이미지로 통합해요. 그러면 낯선 동물이 보이니까 두려움의 정념이 생기죠. 그 뒤 솔방울샘의 움직임이 다시 동물 정기의 움직임 형태로 팔다리에 전달되면 우리는 동물로부터 도망치거나 맞서 싸울 수 있어요.

두려움의 정념은 두 눈에서 솔방울샘으로 전달된 동물 정기의 특수한 움직임과 그로 인해 생기는 솔방울샘의 특수한 움직임 자체입니다.

얼 그러니까 사람도 동물도 동물 정기와 솔방울샘을 가지고 있으니까 두려움의 정념을 가질 수 있다는 거군요. 그럼 차이는 무엇입니까?

데카르트 사람에게는 영혼이 있으니까 동물 정기와 솔방울샘의 움직임을 수용할 수 있습니다. 그러면 두려움의 정념을 의식할 수 있죠. 그러나 동물은 영혼이 없어서 정념을 의식할 수 없어요. 그러니까 동물은 동물 정기와 솔방울샘의 움직임 자체로서 두려움의 정념을 가질 수 있습니다. 그래서 개도 사자를 보면 도망칠 수 있습니다. 그러나 개는 영혼이 없으니까 두려움의 정념을 의식할 수 없어요.

얼 동물 정기와 솔방울샘의 기능에 대한 데카르트 선생님의 견해는 첫 모임 때 말씀드렸듯이 현대 과학에 비춰 보면 틀린 겁니다. 그러나 중요한 것은 선생님이 동물 정기와 솔방울샘으로 동물에게 의식되지 않는 정념을 허용하는 것이겠죠?

데카르트 네. 그렇습니다. 또 저는 동물의 모든 행동과 기능을 팔다리, 기관, 동물 정기, 솔방울샘 같은 부분들의 움직임만으로 설명하려 했습니다.

얼 그렇다면 까치가 "안녕"이라고 말하는 것을 언어 능력이 아니라고 보시는 이유는 무엇입니까?

데카르트 까치의 말하기는 정념을 표현할 뿐이지만 사람의 말하기는 생각을 표현할 수 있기 때문입니다. 까치가 말하는 "안녕"은 음식을 먹고 싶은 바람을 표현하지만 사람이 말하는 "안녕"에는

'좋은 하루 보내세요' 또는 '조심히 들어가세요'와 같은 생각을 담을 수 있어요.

언어 능력도 진화의 산물이다 : 다윈

얼 데카르트 선생님의 말씀은 우선 여기까지 듣고 다윈 선생님의 말씀도 들어 보겠습니다. 다윈 선생님은 동물에게 사람과 마찬가지로 언어 능력이 있다고 보시는 거죠?

다윈 저도 언어 능력이야말로 사람을 동물과 구별해 주는 중요한 능력이라고 생각합니다. 특히 사람은 단음절 소리가 아니라 다음절 소리를 잘 사용하죠.

얼 단음절 소리는 예를 들어 "앗", "윽", "꽥" 같이 한 음절뿐이죠. 다음절 소리는 말 그대로 여러 음절로 이루어진 소리입니다. 예를 들어 '사랑해'는 세 음절이죠.

다윈 네. 그렇습니다. 그러나 저는 사람이 언어를 사용할 수 있는 유일한 동물이 아니고 남의 언어를 이해할 수 있는 유일한 동물도 아니라고 생각합니다.

얼 언어의 사용과 이해를 사람에게만 허용할 순 없다는 뜻이군요. 데카르트 선생님과는 뚜렷이 다른 의견이네요.

다윈 제 생각의 전제는 모든 마음 능력이 진화했다는 겁니다. 감각, 감정뿐 아니라 언어, 이성 등 모든 마음 능력은 다른 동물에게는 없다가 사람에게 갑자기 나타난 것이 아니라 다른 동물부터 사람까지 점진적으로 여러 단계를 거쳐 진화했다는 거죠.

얼 네. 그래서 선생님은 사람과 동물의 마음의 차이가 매우 크지만 종류의 차이가 아니라 정도의 차이라고 말씀하셨죠. 그렇다면 동물에게도 언어 능력이 있다고 보는 근거는 무엇입니까?

다윈 동물의 행동이 중요한 근거입니다. 예를 들어 개는 네다섯 가지 서로 다른 음색으로 짖을 수 있습니다. 위협할 때 으르렁거리는 소리, 화가 날 때 크게 짖는 소리, 갇혀 있거나 절망할 때 깨갱거리는 소리, 밤에 끝 음을 길게 뽑으며 짖는 소리, 문을 열어 달라고 간청할 때 짖는 소리가 달라요. 주인은 개의 여러 가지 소리를 어느 정도 다르게 이해할 수 있고요. 또 파라과이에 있는 꼬리감는원숭이의 일종인 올빼미원숭이는 흥분할 때 여섯 가지 다른 소리를 내는데 다른 원숭이가 이 소리를 듣고 비슷한 감정을 느낍니다. 이런 예는 얼마든지 있어요.

얼 그러니까 동물이 서로 다른 소리를 내고 다른 동물이 그 소리를 이해할 수 있다는 것이 동물에게도 언어 능력이 있다고 보는 근거군요.

다윈 그렇습니다. 다음절 소리 또는 다음절 언어는 사람만이 뛰어나게 사용하지만 앵무새를 비롯해 여러 종류의 새도 다음절 소리를 발음하는 능력을 가지고 있어요. 데카르트 선생님이 말씀하신 까치의 "안녕"은 두 음절 소리죠.

얼 요즘 과학에 따르면 다음절 소리는 목구멍과 혀에 있는 30개 이상의 근육이 함께 움직여야 낼 수 있습니다. 아이의 경우 태어나 12개월 때까지 후두라 불리는 목구멍 구조가 3센티미터쯤 밑으로 내려가면서 목구멍의 뒤쪽 공간이 넓어져요. 공기가 들어오면 후두의 앞부분에 있는 발성기관인 성대의 주름이 떨려요. 이때 혀의 움직임이 더해지면 다음절 소리를 발음할 수 있죠. 기본적으로 사람은 직립해야 후두부가 넓어져 다음절 소리를 낼 수 있어요. 네

"올빼미원숭이는 흥분할 때 여섯 가지 소리를 내는데,
이 소리를 들으면 다른 원숭이도 비슷한 감정을 느낍니다."

_다윈

발 달린 동물처럼 허리를 굽히고 말하면 서서 말할 때보다 발음이 덜 분명해지죠.

침팬지에게 다음절 소리를 가르치려는 시도가 있었지만 다음절 소리를 낼 수 있을 만큼 발성기관이 충분히 발달하지 않아서 실패했습니다. 그러나 앵무새와 까치는 잘 발달한 혀와 목구멍이 있어서 다음절 소리를 낼 수 있죠.

다윈 제 말의 핵심은 다음절 언어도 진화의 산물이라는 겁니다. 그래서 사람에 비하면 훨씬 덜 발달했지만 앵무새한테도 다음절 언어 능력이 있습니다. 또 단음절 소리는 사람도 냅니다. 격한 감정을 표현할 때 사람도 "앗!", "윽!" 단음절 소리를 지르죠.

동물원 나들이 팁

원숭이를 볼 때
같은 종의 원숭이들이 내는 소리를 귀 기울여 들어 보세요. 서로 다른 소리를 내는지 구별해 보세요. 많은 원숭이는 각자 다른 소리를 내며 어떤 먹이가 있는지 서로에게 알린다고 해요.

앵무새는 말하는 기계다 : 데카르트

얼 이제 데카르트 선생님의 반론을 들어 보겠습니다.

데카르트 한 가지 사고실험을 해 보죠. 말하는 기계가 있다고 생각해 봅시다. 이 기계는 낱말을 말할 뿐 아니라 낱말들을 조합해 말할 수도 있어요. 게다가 우리가 이 기계의 어떤 부분을 건드리면이 기계는 우리에게 무엇을 원하는지 묻습니다. 또 우리가 이 기계의 다른 부분을 건드리면 이 기계는 우리가 자기를 해친다고 소리지릅니다. 이 기계가 우리의 말을 듣고 낱말들을 적절하게 조합해의미 있는 대답을 할 수 있을까요?

얼 선생님, 조금 어려운데 예를 들어 설명해 주시겠습니까?

데카르트 네. 제가 말하는 기계에게 "나를 사랑해?"라고 묻는다면어떻게 대답할까요? 이 기계는 '나', '너', '사랑해'라는 낱말을 말할수 있을 뿐 아니라 이 낱말들을 조합해 말할 수도 있다고 했어요.

얼 그렇다면 아마 말하는 기계는 "나는 너를 사랑해" 또는 "나는너를 사랑하지 않아"라고 대답할 수 있을 겁니다.

데카르트 네. 그렇다면 "너를 사랑하는 나를 사랑해?"라는 물음에는 대답할 수 있을까요? 기계가 "나를 사랑하는 너를 사랑해" 또는 "나를 사랑하는 너를 사랑하지 않아"라고 대답하기는 어려울 겁니다. 물론 어렵게나마 대답할 수도 있습니다. 그러나 "너를 사랑하는 나를 사랑하는 그를 사랑해?"라고 물으면 어떨까요?

얼 더 복잡한 물음이군요.

데카르트 사람의 언어에서 나타나는 핵심적인 특징은 문장 속에 문장을 넣는다는 겁니다. 그러면 물음은 무한히 길어질 수 있어요. "너를 사랑하는 나를 사랑하는 그를 사랑하는 다른 그를 사랑하는 또 다른 그를 사랑하는…… 사랑해?" 사람은 이런 물음에 대답할 수 있어요. 하지만 기계는 못 하죠. 말하는 기계는 한정된 물음에만 대답할 수 있어요. 기계는 사람처럼 모든 물음에 낱말들을 적절히 조합해서 대답할 순 없어요.

얼 데카르트 선생님, 지금 우리는 동물의 언어에 관해 이야기를 나누고 있는데요. 말하는 기계의 사고실험을 말씀하시는 이유가 무엇인가요?

데카르트 동물이 바로 기계이기 때문입니다. 까치나 앵무새는 말하는 기계죠. 모든 동물은 영혼 없이 몸만 있다는 뜻에서 기계예요.

얼 아하, 선생님의 그 유명한 동물 기계론이군요. 선생님은 동물을 '움직이는 기계', '자동 기계automata'라고 말씀하셨죠?

데카르트 네. 그렇습니다. 앵무새나 까치도 말하는 기계, 아무 생각 없이 말하는 기계입니다. 앵무새가 "안녕"이라고 말하는 것은 훈련으로 얻은 습관이에요. 보통 개들은 총소리가 나면 반대 방향으로 도망칩니다. 그러나 사냥개는 잘 훈련받으면 총소리가 나는 방향으로 뛰어가 사냥감을 물어 올 수 있어요. 앵무새가 사람의 말로 정념을 표현하는 것은 사냥개와 마찬가지로 훈련의 산물입니다.

얼 선생님이 말씀하시는 훈련에 의한 습관은 요즘 과학 용어로는 연합 학습이죠. 그렇다면 까치나 앵무새의 말하기는 연합 학습일 뿐 언어 능력이라고 볼 순 없다는 거죠? 올림픽에서 멀리뛰기 선수가 9미터쯤 뛴다고 해서 새처럼 난다고 볼 순 없다는 촘스키의 관점과 같군요.

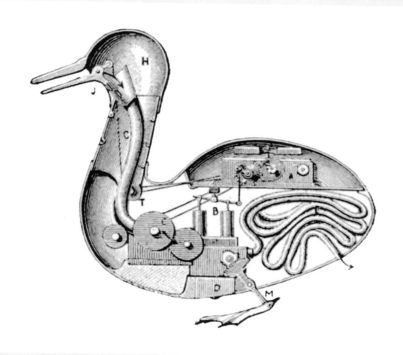

1739년 프랑스의 발명가 자크 드 보캉송Jacques de Vaucanson이
동물 기계론의 영향을 받아서 구상한 자동 기계 '소화하는 오리'.

다음절 언어의 기원은 동물의 소리다 : 다윈

다윈 사람과 나머지 동물들을 언어 능력이라는 칼로 한 번에 벨 수 있을까요? 아이에게 언제부터 언어 능력이 생긴다고 콕 짚어 말할 수 있을까요? 저는 그럴 수 없다고 생각합니다. 아이는 한두 살 무렵 "엄마"라고 첫 말을 내뱉기 전에도 옹알이라고 부르는 걸 해요. 그럼 이때 아이에게는 언어 능력이 없다고 봐야 할까요? 그렇지 않습니다. 잠재적으로는 언어 능력이 있다고 봐야 하죠. 그 언어 능력이 엄마 아빠 품속에서 어른들의 말을 듣고 흉내 내는 학습과 연습 과정을 거쳐 "엄마"라는 낱말로 입 밖에 나오는 거죠. 다른 동물과 사람의 언어 능력도 마찬가지예요. 옹알이하는 아이와 "엄마"라고 말하는 아이의 관계와 비슷하죠.

얼 그러니까 다윈 선생님은 옹알이하기와 낱말 말하기의 관계처럼 단음절 소리 지르기와 다음절 소리 내기도 연속적 관계가 있다는 뜻이죠? 그래서 동물은 언어 능력이 아예 없고 사람은 언어 능력이 있다고도 말할 수 없다는 거고요.

다윈 그렇습니다. 새들은 지저귀는 소리를 본능으로 냅니다. 처음에 새들이 지저귀는 소리는 아이가 종알거리려고 시도하는 것처럼 불완전해요. 그러나 새들은 부모에게 배우고 연습해서 잘 다듬어진 소리를 냅니다. 마치 아이가 점차 잘 종알거리게 되는 것과 같아요. 게다가 새들이 지저귀는 소리는 같은 종이더라도 사는 지역에 따라 마치 사람의 사투리처럼 조금씩 달라요. 새들이 지저귀는 소리는 여러 면에서 사람의 언어와 비슷합니다.

얼 새들이 지저귀는 소리도 처음에는 불완전하다가 학습과 연습을 통해 완전해지며 사투리도 있다는 점에서 사람의 언어와 비슷하다는 말씀이시죠? 그러나 새들이 지저귀는 소리와 다음절 소리는 아직 거리가 멀어 보입니다.

다윈 새들이 지저귀는 소리처럼 다른 동물이 내는 여러 소리가 사람의 다음절 언어의 기원이라는 뜻입니다. 직립보행하는 원시인이 인류의 기원이지만 그 후 현대인까지 여러 단계의 진화를 거치듯이 다음절 언어도 동물의 소리에서 시작해 여러 단계의 진화를 거친다고 볼 수 있습니다. 침팬지, 고릴라 같은 유인원은 다른 동물의 소리를 흉내 내려는 성향이 강해요. 유인원은 자기를 공격하는 동물이 내는 소리를 흉내 내어 동료들에게 위험을 알릴 수 있죠. 유인원과 공동 조상을 가진 원시인도 마찬가지였을 겁니다. 원시인도 여러 동물의 소리를 흉내 내면서 발성기관이 발달했을 겁니다. 그러면서 언어 능력도 발달하고 언어를 담당하는 뇌 부위도 발달해요. 언어 사용과 뇌 발달이 상호작용하면서 결국 사람의 다음절 언어가 생겨났을 겁니다.

얼 데카르트 선생님과 다윈 선생님이 강조하는 초점이 조금 다른 것 같습니다. 데카르트 선생님은 문장 속에 문장을 넣는 사람의 통사 규칙은 다른 동물이 따라 할 수 없다고 강조하십니다. 반면 다윈 선생님은 사람의 다음절 언어도 진화의 산물이고 그 기원은 새들이 지저귀는 소리와 같은 동물의 여러 소리라고 강조하십니다.

데카르트 사람의 다음절 언어와 앵무새의 다음절 언어도 차이가 있습니다. 앵무새의 다음절 언어는 아무 생각 없이 흉내 내는 것이지만 사람의 다음절 언어는 생각을 담을 수 있어요.

다윈 저는 사람 말고 다른 동물은 아무 생각도 하지 못한다는 데카르트 선생님의 의견에 반대합니다. 선생님은 생각이 의심, 이해, 의지, 상상을 포함한다고 하셨죠. 저는 이런 생각뿐 아니라 기억, 주의력, 이성, 자의식, 미감, 도덕감 등의 마음 능력을 동물도 초보적인 형태로나마 갖추고 있다고 생각합니다.

얼 다윈 선생님이 중요한 반론을 하셨는데요. 동물도 의심, 이해, 의지, 상상, 기억, 주의력, 이성, 자의식, 미감, 도덕감 같은 마음 능력을 조금씩이나마 가지고 있다는 반론입니다. 이 문제는 동물의 이성과도 관련된 것이기 때문에 중요합니다. 하지만 오늘은 동물의 언어 문제를 다루기로 했으니까 동물의 이성 문제는 다음 모임으로 미루겠습니다.

알렉스가 이룬 것

얼 동물심리학자 아이린 페퍼버그Irene Pepperberg의 아프리카 회색 앵무 알렉스 연구에 대한 선생님들의 의견도 듣고 싶습니다. 페퍼버그의 알렉스 연구는 30년 동안 이루어졌는데 현대 과학에서도 앵무새의 말하기와 관련해 독보적인 성과예요. 페퍼버그의 핵심 주장은 알렉스의 말하기가 결코 흉내 내기는 아니라는 겁니다. 핵심 근거는 알렉스가 추상개념을 배워 말한다는 거죠. 만일 알렉스의 말하기가 흉내 내기일 뿐이라면 '종이', '가죽' 등 물건, '빨강', '파랑' 등 색, '세모', '네모' 등 모양의 이름표를 부르는 것을 넘어 '색', '모양', '같은', '다른' 등 추상개념을 말할 수 없다는 거예요. 데카르트 선생님, 페퍼버그의 주장을 어떻게 생각하십니까?

아이린 페퍼버그가 연구한
아프리카 회색앵무 알렉스.

데카르트 하녀를 본 까치에게 음식을 먹고 싶은 정념이 일어나는 생리 과정을 조금 더 자세히 살펴봅시다. 하녀를 보는 까치의 두 눈에는 두 이미지가 하나씩 생기죠. 이 두 이미지는 동물 정기의 움직임 형태로 시신경을 거쳐 좌우 뇌로 나아가 양쪽 뇌에 하나씩 두 이미지를 형성해요. 이 두 이미지는 뇌에서 솔방울샘으로 연결되는 구멍들을 통해 역시 동물 정기의 움직임 형태로 솔방울샘에 전달되죠. 이때 왼 뇌의 한 이미지를 구성하는 점들은 제각기 동물 정기의 움직임 형태로 솔방울샘에 전달되고 오른 뇌의 다른 이미지의 점들도 마찬가지로 솔방울샘에 전달됩니다. 그러면 두 이미지의 상응하는 두 점은 솔방울샘의 한 점에서 만나요. 그래서 솔방울샘에는 이렇게 만난 점들의 집합인 한 이미지만 생기죠.

얼 선생님, 더 자세히 살펴보니 어렵군요. 무슨 말씀이신가요?

데카르트 페퍼버그는 알렉스가 '색', '모양', '같은', '다른' 같은 추상개념을 말하려면 표상을 형성하고 유지하고 통합해야 한다고 말합니다. 예를 들어 파란 나무, 빨간 나무, 초록 나무를 모아 놓은 세트에서 무엇이 다른지 물으면 알렉스는 '파랑', '빨강', '초록', '나무'의 표상들을 형성하고 유지하면서 이 표상들에서 무엇이 다른지 통합해야 하죠.

얼 그렇습니다. 페퍼버그는 표상을 형성, 유지, 통합하는 능력 때문에 알렉스에게 사람의 언어를 이해하고 사용하는 능력이 있다고 주장합니다.

데카르트 저는 표상 능력과 언어 능력을 구별해야 한다고 생각해요. 그리고 동물에게는 표상 능력이 있더라도 언어 능력은 없다고 봅니다. 표상은 머릿속에 그린 상이라고 했죠. 하녀에게 "안녕"이라고 말하는 까치는 표상을 형성하고 유지합니다. 솔방울샘에 그린 하나의 이미지가 바로 표상이죠. 이 이미지는 까치의 솔방울샘에 생긴 점들의 집합, 곧 하녀의 축소된 그림입니다. 나아가 까치는 동물 정기와 솔방울샘의 움직임 형태로 음식의 표상도 형성하고 유지할 수 있어요. 까치가 하녀의 표상과 음식의 표상을 통합하면 먹고 싶다는 정념이 생기고 동물 정기로 부리, 목구멍, 혀의 근육을 움직여 이 정념을 "안녕"이라는 말로 표현할 수 있습니다.

얼 데카르트 선생님도 까치나 앵무새에게 표상 능력이 있다는 건 인정하시는군요. 그렇다면 언어 능력이 있다는 건 왜 인정하지 않으시나요?

데카르트 두 가지 이유 때문인데요. 첫째, 까치나 앵무새는 자기가 말하는 것을 의식할 수 없기 때문입니다. 까치나 앵무새는 사람과 달리 영혼이 없으니까요. 둘째, 까치나 앵무새가 형성하는 표상은 문장 구조의 형태가 아니라 그림 같은 겁니다. 사람은 머릿속에 '나는 너를 사랑해'라는 문장 형식으로 표상을 형성할 수도 있어요. 그러나 까치의 머릿속에 형성된 표상은 하녀의 축소된 이미지, 곧 그림이지 문장은 아니죠.

얼 다윈 선생님은 알렉스에 대해 어떻게 생각하십니까?

다윈 페퍼버그의 알렉스는 동물의 언어 능력에 대해 분명히 말해 주는 것이 몇 가지 있어요. 첫째, 다음절 언어가 사람 언어만의 특징은 아니라고 증명합니다. 앵무새가 다음절 소리를 발음할 수 있다는 건 분명하잖아요. 그러니까 다음절 언어가 사람의 언어에만 있는 건 아니죠.

얼 그러나 사람만이 다음절 언어를 자유자재로 뛰어나게 발음할 수 있다는 건 특징이라고 할 수 있겠죠.

다윈 둘째, 알렉스는 소리와 개념을 연결하는 것이 사람만의 능력이 아니라는 것도 증명해요. 알렉스는 "color(색)", "shape(모양)",

"same(같은)", "different(다른)"라는 소리를 발성해요. 또 알렉스는 "What's same?(무엇이 같지?)" 같은 질문에 "color(색)"라고 정확하게 대답해요. 알렉스에게 소리와 개념을 정확도 높게 연결하는 능력이 있다는 거죠.

얼 다윈 선생님, 소리와 개념을 정확하게 연결하는 것이 어떤 의의가 있나요?

다윈 소리와 개념을 정확하게 연결하면 개념의 의미를 안다고 봐야 합니다. 알렉스가 "color"나 "same"이라는 개념의 의미를 모른 채 "What's same?"이라는 물음에 "color"라는 정확한 소리를 낼 순 없어요. 알렉스가 이 개념들의 의미를 모른다면 "shape", "blue" 등 아무 말이나 정확도 낮게 내뱉어야죠.

얼 그렇다면 알렉스에게 의식도 있다는 뜻인가요?

다윈 데카르트 선생님은 말의 의미를 알기 위해서는 말을 의식해야 한다고 하십니다. 그렇다면 저는 알렉스가 개념의 의미를 아는 데 필요한 의식을 가진다는 데 동의합니다.

얼 앵무새가 소리와 개념을 연결하는 것으로 보아 자기가 한 말을 의식하고 개념의 의미도 안다고 봐야 한다는 뜻이군요. 다윈 선생님, 더 말씀하실 것이 있나요?

다윈 동물 언어와 관련해 한 가지만 더 말씀드리겠습니다. 언어학의 창시자 중 한 사람인 존 호른 투크John Horne Tooke는 언어가 술 빚고 빵 굽는 것과 같은 기술이라고 주장해요. 술 빚고 빵 굽는 건 배워야 할 수 있죠. 언어도 배워야 사용할 수 있다는 뜻이에요. 그러나 저는 글쓰기는 배워야 할 수 있지만 말하기는 본능의 요소가 있다고 생각해요.

얼 말하기가 본능이라고요? 이건 요즘 언어학에서도 뜨거운 이슈인 언어 본능 문제입니다. 정통 견해는 언어를 문화의 산물이어서 배워야 할 수 있는 것으로 보지만 새 견해는 언어를 본능이라고 보죠. 촘스키와 심리학자 스티븐 핑커Steven Pinker가 주장하는 이론인데요. 이들은 아이가 한두 살 때부터 급속히 낱말을 익히고 누가 가르쳐 주지 않아도 문장 속에 문장 넣는 법을 터득하는 현상에 주목해요.

다윈 저는 아이의 종알거림을 말하기 본능의 증거라고 생각해요.

아이의 종알거림은 새의 지저귐처럼 타고나는 측면도 있죠. 말하기가 본능적 성향이라는 건 언어가 사람만의 전유물이 아닐 가능성을 높여 줍니다. 사람은 포유류의 다른 동물과 마찬가지로 태아일 때 엄마의 자궁 속에서 탯줄로 생존하는 단계를 거칩니다. 사람과 포유류의 다른 동물이 태반 생식을 공유하는 것은 멀리 보면 둘의 조상이 같다는 뜻이에요. 사람과 동물이 초보적 말하기를 공유하는 것도 말하기의 기원이 같다는 뜻이죠. 말하기도 태반 생식처럼 동물부터 사람까지 여러 단계를 거치며 진화했다는 것이 제 생각입니다.

얼 알렉스의 말하기에 관해서도 여전히 두 선생님의 견해가 팽팽히 맞서는군요. 데카르트 선생님은 앵무새의 말하기가 표상 능력이지만 의식이 필요한 언어 능력은 아니라고 주장하시죠. 반면 다윈 선생님은 앵무새의 말하기도 의식을 전제한 개념 이해라고 주장하시고요. 이야기를 조금 더 깊이 나누다 보니 표상, 문장, 의미, 본능, 진화 등 동물의 언어와 관련해 다뤄야 할 문제가 많이 드러났습니다. 요즘 사람과 동물의 언어 연구에서도 중요한 문제들인데 더 깊이 들어가긴 어렵겠군요. 오늘 대화는 여기서 마치겠습니다. 두 분, 오늘 말씀 고맙습니다.

7.
동물의 마음에는
뭐가 들어 있을까?

"오른손이 한 일을 왼손이 모르게 하라."

선행을 감추라는 성경 말씀이지만 의학에선 실제로 이런 일이 일어나는 경우가 있어요.

뇌에 전기가 발생한다고 해서 정식 명칭이 '뇌전증'으로 바뀐 간질 환자는 중증이면 뇌량을 자르는 수술을 받기도 해요. 뇌량은 왼 뇌와 오른 뇌를 연결해 주는 다리와 같은 부분이죠. 뇌량을 자르면 왼 뇌와 오른 뇌 사이에 전기 신호가 전달되지 않아서 뇌전증을 치료하는 데 효과가 있다고 해요. 그러나 부작

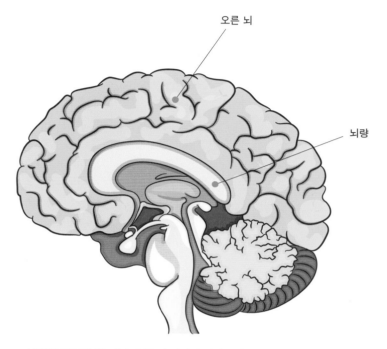

오른 뇌

뇌량

뇌량을 자르면 왼 뇌와 오른 뇌 사이에 전기 신호가 전달되지 않아서
뇌전증 치료에 효과가 있다고 해요.

용이 있어요. 오른손이 한 일을 왼손이 모르는 게 바로 그 부작
용이에요.

뇌전증 환자의 자의식

왼 뇌와 오른 뇌는 우리 몸을 반씩 엇갈려서 제어해요. 왼 뇌가
오른 몸, 오른 뇌가 왼 몸을 제어하죠. 뇌량을 절제한 어떤 환자
는 오른손으로 바지를 찾아 입었는데 왼손이 다시 다른 바지를
찾아 들어요. 왼 뇌는 오른손에게 바지를 찾아 입으라는 명령을
내렸고 오른손은 그 명령을 실행했는데 왼 뇌와 오른 뇌 사이의
다리가 끊어져서 왼 뇌가 명령한 일에 관한 정보가 오른 뇌로
전달되지 않는 거예요. 그러니까 오른 뇌는 바지를 이미 입은
줄도 모르고 왼손에게 바지를 찾아 입으라고 명령한 거죠. 뇌량
을 절제한 뇌전증 환자는 정확하게는 왼 뇌가 한 일을 오른 뇌
가 모르는 거예요.

　자의식이라 부르는 특이한 앎이 있어요. 의식은 앎의 다른 말
이죠. 모든 앎은 아는 자와 알려지는 것이 있어요. 아는 자를 어

려운 말로 주관 또는 주체, 알려지는 것을 객관 또는 객체 또는 대상이라고 하죠. 여러분이 지금 이 책을 읽고 뭔가 알면 앎의 주체는 여러분이고 대상은 이 책이에요. 그런데 자의식은 아는 자와 알려지는 것이 같아요. 아는 자도 나고 알려지는 것도 나죠. 그래서 특이해요.

보통 사람은 아는 자인 나도 하나고 알려지는 것인 나도 하나죠. 그래서 자의식도 하나예요. 그러나 뇌량을 자른 뇌전증 환자는 아는 자인 나도 둘이고 알려지는 것인 나도 둘이죠. 아는 자는 왼 뇌와 오른 뇌이고 알려지는 것은 오른 몸과 왼 몸이에요. 그래서 이 환자는 자의식이 하나가 아니라 둘이에요. 자의식은 하나여야 편한데 말이죠.

자의식은 내가 나를 아는 것이고 그래서 자기 앎이라고도 불러요. 우리는 누구나 자기 마음을 알 수 있어요. 내가 어떤 사람을 짝사랑하고 있다면 적어도 나는 내 마음을 알죠. 물론 사랑하는 건지 아닌지 애매한 경우도 있지만 그럼 사랑하는 건지 아닌지 애매하다는 내 마음을 나는 알 수 있어요. 또 나는 짝사랑하는 사람이 나를 어떻게 생각하는지 알고 싶어 해요. 열심히 눈치를 살피죠. 그러다 그 사람의 어떤 행동이나 말이나 눈빛으로 나를 좋아하는지 아닌지를 알 수도 있어요.

마음 이론은 자기 마음에 대한 앎과 남의 마음에 대한 앎을 합쳐서 이르는 말이에요. 이때 이론은 마음을 아는 능력의 바탕을 이루는 개념 체계죠. 우리는 어떤 개념 체계를 가지고 있어야 내 마음도 알고 남의 마음도 알 수 있어요. 예를 들어 내가 짝사랑하는 사람이 나를 비웃으면 비웃음은 무시의 일종이고 무시는 사랑의 반대니까 그 사람은 날 좋아하지 않는다고 해석할수 있죠. 내가 비웃음, 무시, 사랑, 좋아함 등의 개념 체계를 가지고 있어야 이런 해석이 가능하고요.

동물도 마음 이론을 가지고 있을까요? 동물이 마음 이론을 가지고 있다는 것은 자기 마음을 읽고 남의 마음도 읽을 줄 안다는 뜻이에요. 과학자들이 마음 이론을 연구하는 동물은 돌고래, 원숭이, 유인원 등이에요. 여기서는 유인원 중 침팬지의 마음 이론에 대한 과학 연구 성과를 집중해서 살펴보겠어요.

침팬지에게는 마음 이론이 있다

마음 이론이라는 말을 처음 만든 사람은 심리학자 데이비드 프리맥David Premack과 영장류학자 가이 우드러프Guy Woodruff예요. 이들은 침팬지가 남의 마음을 아는지 판단하기 위해 침팬지에게 어떤 문제가 담긴 영상을 보여 주고 그 문제를 해결할 답이 담긴 사진을 고르게 했어요.

예를 들어 높은 곳에 있는 바나나를 얻으려고 애쓰는 사람의 영상과 자물쇠로 잠긴 우리에 갇혀 빠져나오지 못하는 사람의 영상을 침팬지에게 보여 줘요. 그리고 각 영상과 함께 몇 개의 사진을 보여 주고 침팬지에게 고르게 해요. 침팬지는 첫 영상을 본 뒤 막대기 사진을 고르고 두 번째 영상을 본 뒤 열쇠 사진을 골랐어요. 다른 문제들에 대해서도 정확한 해결책이 담긴 사진을 어김없이 골랐어요. 침팬지가 바나나를 얻으려는 사람의 마음이나 우리에서 빠져나오려는 사람의 마음을 읽었다는 뜻이죠. 프리맥과 우드러프는 침팬지에게 마음 이론이 있다고 결론을 내렸어요.

프리맥과 우드러프 이후 지금까지 침팬지의 마음 이론에 관한 연구 성과는 꾸준히 나오고 있어요. 이는 크게 네 가지로 정리할 수 있어요. 첫째, 음식을 얻으려는 행동에서 침팬지에게 마음 이론이 있다는 점이 드러나요. 침팬지는 어떤 사람이 음식을 줄 수 없는 경우가 아니라 주지 않으려 할 경우 더 일찍 움직이고 그 사람에게 더 강하게 음식을 달라고 요청해요. 둘째, 사람의 행동에 반응하는 침팬지의 행동에서도 마음 이론이 드러나요. 침팬지는 자신의 음식을 빼앗은 사람에게 앙갚음해요. 그러나 음식을 빼앗은 사람에게서 순진하게 음식을 넘겨받은 다른 사람에게는 앙갚음하지 않아요. 침팬지가 사람의 목표와 의도를 읽고 행동한다고 볼 수 있어요.

셋째, 몸짓으로 소통하는 것도 침팬지의 마음 이론을 보여 줘요. 침팬지는 사람이 자기를 보고 있으면 주로 눈에 보이는 몸짓, 예를 들어 손 내밀기 등을 해요. 사람이 자기를 보고 있지 않으면 그 사람 앞으로 가서 몸짓을 하고요. 침팬지는 사람의 얼굴과 눈의 방향이 자기가 아니라 다른 곳을 향하고 있으면 몸짓을 하지 않아요.

넷째, 음식을 놓고 경쟁하는 행동도 침팬지에게 마음 이론이 있다는 걸 보여 줘요. 침팬지는 사람이 보고 있지 않을 때, 또는 장벽에 가려져 자신이 사람에게 보이지 않을 때 음식을 집어 들어요. 음식에 접근하는 자신의 모습을 장벽을 이용해 숨기고 삐걱 소리가 나지 않는 문을 사용하죠. 또 침팬지는 사람이 보지 않을 때 숨겨 놓았던 음식을 집어 들어요.

이런 행동은 모두 침팬지가 음식을 놓고 경쟁할 경우 경쟁자가 볼 수 있는 것과 볼 수 없는 것, 들을 수 있는 것과 들을 수 없는 것, 알 수 있는 것과 알 수 없는 것을 고려한다는 뜻이에요. 네 가지 행동을 분석한 결론은 침팬지에게 마음 이론이 있다는 거예요.

침팬지에게는 마음 이론이 없다

이제 침팬지에게 마음 이론이 없다는 반론을 살펴볼 차례예요. 아이는 태어나서 6~8개월 때부터 남이 보는 것을 따라 보는 응시 따르기 능력이 나타나기 시작해요. 침팬지도 아이와 마찬가지로 남의 응시를 따르죠. 영장류학자 대니얼 포비넬리Daniel Povinelli와 생물학자 스티브 지암브론Steve Giambrone은 여러 가지 실험으로 침팬지가 자기를 볼 수 있는 사람과 볼 수 없는 사람의 마음 차이를 이해할 수 있는지 실험했어요.

침팬지는 우선 음식을 달라고 손을 내밀면 음식을 보상으로 받는 연습을 해요. 그다음 앞을 보는 사람과 뒤를 보는 사람, 양동이를 머리에 쓴 사람과 쓰지 않은 사람, 손으로 눈을 가린 사람과 귀를 가린 사람, 눈가리개를 한 사람과 입을 가린 사람 등 다양한 상황에서 자기를 볼 수 없는 사람과 볼 수 있는 사람에게 어떻게 반응하는지 검사를 받아요.

만일 침팬지에게 마음 이론이 있다면 자기를 볼 수 있는 사람에게 음식을 달라고 손을 내밀 거라고 예측할 수 있어요. 자기를 볼 수 있는 사람이 자기 몸짓에 더 잘 반응할 거라고 생각할 테니까요. 그러나 침팬지에게 마음 이론이 없다면 자기를 볼 수 있는 사람과 볼 수 없는 사람 가운데 어느 한쪽을 더 선호하지는 않을 거라고 예측할 수 있어요. 침팬지는 자기를 볼 수 있는 사람과 자기를 볼 수 없는 사람의 마음 차이를 고려하지 않을 테니까요. 실험 결과 침팬지는 자기를 볼 수 있는 사람에게 몸짓하는 것을 선호하지 않았어요. 결론은 침팬지에게 마음 이론이 없다는 거죠.

본 것과 의도한 것

지하철에 배우 정우성이 탔다고 해 봐요. 많은 사람이 정우성을 볼 거예요. 나는 그 많은 사람이 뭘 보고 있는지 알 수 있어요. 그 사람들이 정우성을 보고 속으로 무슨 생각을 할까요? '정말 잘생겼다', '같이 사진 찍고 싶다', '좀 더 가까이 가야겠다' 등 여러 생각을 할 거예요. 그들의 행동을 보면 어떤 믿음이나 욕망이나 의도를 가지는지 알 수 있죠. 내가 알 수 있는 건 그들이 보는 것과 그들의 믿음, 욕망, 의도예요.

중요한 건 그들이 보는 것과 그들의 믿음, 욕망, 의도를 구별할 수 있다는 거예요. 그들이 보는 것은 그들의 시각이에요. 시각은 눈, 코, 귀, 혀, 살로 얻는 감각의 일부죠. 그들의 믿음, 욕망, 의도는 시각, 감각과는 다른 마음 상태예요. 이런 마음 상태는 어려운 말로 '명제 태도propositional attitude'라고 해요. '정말 잘생겼다'라는 믿음이나 '같이 사진 찍고 싶다'라는 욕망이나 '좀 더 가까이 가야겠다'라는 의도는 다 명제로 표현할 수 있는 것들이니까요.

침팬지는 어떨까요? 침팬지가 남이 보는 것을 알 수 있다는 건 분명해요. 침팬지가 경쟁하는 사람 모르게 음식을 집어 드는 것은 그 사람이 보는 것뿐 아니라 보지 않는 것도 알 수 있다는 뜻이죠. 침팬지가 남의 믿음, 욕망, 의도도 알 수 있을까요?

침팬지에게 마음 이론이 있다고 주장하는 과학자들은 침팬지가 자기에게 음식을 줄 거라는 믿음, 음식을 빼앗고 싶은 욕망, 음식을 주지 않으려는 의도 등을 사람에게서 읽는다고 봐요. 그러나 침팬지에게 마음 이론이 없다고 주장하는 과학자들은 침팬지가 사람의 시각, 청각 등 감각과 행동만 알 뿐이라고 봐요. 침팬지에게 명제로 표현할 수 있는 생각은 없다는 뜻이죠. 명제로 표현할 수 있는 생각을 가지려면 언어 능력이 있어야 하니까요.

과연 믿음, 욕망, 의도를 가지려면 언어 능력이 필요한지는 다시 고민해 봐야 해요. 이 논쟁까지 들어가지는 않겠어요. 그러나 우리가 동물에게 우리가 가진 명제 태도를 너무 당연한 듯 부여하는 건 아닌지 생각해 볼 필요는 있어요. 침팬지는 다른 침팬지나 사람이 보는 것, 듣는 것, 냄새 맡는 것, 행동하는 것을 알 뿐인데 다른 침팬지나 사람이 믿는 것, 원하는 것, 의도하는 것도 안다고 우리 식대로 편리하게 생각하는 건 아닐까요?

동물도 사랑을 할까?

⟨그랑블루⟩[1988], ⟨정글 속의 고릴라⟩[1988]

돌고래가 사람과 사랑의 감정을 나눌 수 있을까요? 돌고래는 사람, 범고래 외에는 폐경기가 있는 유일한 동물이에요. 사람처럼 자식들뿐 아니라 손녀, 손자를 데리고 다니며 돌보죠. 돌고래는 몸무게와 뇌 무게의 비를 뜻하는 대뇌화 지수가 침팬지, 고릴라, 오랑우탄, 보노보 등 유인원과 비슷하고 사람에 가까워 매우 영리해요. 또 유인원과 마찬가지로 거울에 비친 자기 모습이 자기인 줄 알죠. 원숭이는 거울에 비친 자기 모습이 남인 줄 알고 공격합니다.

인간을 사랑한 돌고래, ⟨그랑블루⟩

영화 ⟨그랑블루⟩에서 자크는 페루 안데스산맥에 있는 언 호수에서 잠수 실험에 참여하다 보험회사 직원 조안나와 만나요. 시실리에서 다시 만난 자크와 조안나는 돌고래 수족관에서 새 환경에 적응하지 못하는 암컷 돌고래를 훔쳐 바다에 풀어 주죠. 두 사람은 사랑에 빠져요.

자크는 조안나와 사랑을 나눈 뒤 홀로 베란다로 나가 밤바다를 보며 자기가 풀어 준 암컷 돌고래를 찾아요. 돌고래가 뛰어오르며 자크에게 인사하죠. 자크는 바다로 들어갑니다. 돌고래가 연속으로 뛰어오르며 자크를 반기고 자크는 돌고래의 지느러미를 잡고 헤엄치며 놀아요. 물속에서 입도 맞추죠. 조안나가 해변으로 와 자크가 벗어 놓은 옷을 입고 기다려요. 자크는 조안나와 처음으로 사랑을 나눈 날 밤새도록 돌고래와 바람을 피우죠.

새벽이 되자 자크가 바닷가로 나와요. 잠들었던 조안나가 깨어 자크에게 물어요.

"즐거운 밤이었나요?"

조안나가 뉴욕으로 돌아가겠다고 하자 돌고래가 물 위로 나와 조안나와 자크를 쳐다봐요. 조안나가 자크에게 등을 돌리자 돌고래는 꼬리지느러미를 흔들죠. 마치 조안나에게 잘 가라고 인사하듯이, 자기가 이겼다고 자랑하듯이 말예요. 돌고래는 조안나가 자기에게 질투하고 있다는 걸 알 수 있을까요?

다른 장면에서 자크는 조안나와 침대에 누워 있다가 천장을 봅니다. 천장은 곧 바다로 변하고 돌고래가 떼를 지어 헤엄칩니다. 자크는 막무가내로 바다에 나가 잠수 측정선에 불을 켜고 오리발을 신어요.

"난 가서 봐야 할 게 있어."

조안나가 말합니다.

"뭘 본다는 거예요? 거긴 아무것도 없어요, 자크! 밑은 어둡고 차가울 뿐이에요. 당신 홀로 있을 뿐이에요. 나는 여기 있어요. 내가 현실이에요."

조안나가 울어요.

"자크, 사랑해요. 나 임신했어요. 내 말 듣고 있어요?"

자크가 고개를 끄덕이며 한 손을 내밀어요. 조안나가 그 손을 잡고 웁니다. 자크는 잠수 밸러스트의 방출 밧줄을 조안나에게 건네요.

"가세요. 가서 보세요, 내 사랑."

조안나가 밧줄을 잡아당깁니다. 자크는 깊은 바다의 유혹에 몸을 맡기죠. 돌고래가 나타나 자크를 반겨 줍니다. 돌고래와 자크는 함께 헤엄쳐요. 돌고래의 꿈은 이루어집니다.

동물의 공감 능력

동물을 연구하는 과학자들은 사람의 마음 능력을 동물에게 똑같이 허용하는 것을 경계합니다. 사람의 뛰어난 공감 능력을 증명할 뿐인지도 모르기 때문이에요.

공감은 기쁨이나 슬픔 같은 하나의 감정이 아니라 남의 감정을 똑같이 느끼는 겁니다. 남이 기쁘면 나도 기쁘고 남이 슬프면 나도 슬픈 것이 공감이죠. 돌고래 수족관에서 자크는 새로 온 암컷 돌고래가 먹지도 않고 움직이지도 않자 향수병에 걸렸다고 생각하고 바다로 돌려보내요. 자크는 돌고래의 감정, 즉 바다에 대한 그리움을 똑같이 공감합니다.

돌고래에게도 공감 능력이 있을까요? 돌고래가 바다에서 자크를 만나 물 위로 여러 차례 뛰어오르고 입을 맞추는 것은 기쁨과 사랑의 표현이에요. 돌고래가 자크에게 사랑을 느끼는 것이 자크도 자기에게 사랑을 느낀다고 생각하기 때문이라면 돌고래에게는 공감 능력이 있어요. 그러나 영화에서는 분명하게 드러나지 않아요.

만일 돌고래에게 공감 능력이 있다면 마음 이론도 있습니다. 자크는 돌고래의 마음, 바다에 대한 그리움을 읽어요. 그러니까 돌고래를 바다에 풀어 주죠. 조안나도 자크의 마음, 돌고래에 대한 사랑을 읽어요. 그래서 역시 자크를 바다에 풀어 줍니다. 사람에게는 남의 마음을 읽는 능력이 있어요. 또 사람은 자기 마음도 읽어요. 자크는 자기가 조안나와 돌고래 사이에서 누구를 선택할지 고민하고 있다는 것을 알아요. 그러니까 조안나에게 방출 밧줄을 맡기죠. 조안나는 자기가 자크를 깊이 사랑하고 있다는 것을 알아요.

공감은 기쁨이나 슬픔 같은 하나의 감정이 아니라
남의 감정을 똑같이 느끼는 겁니다.
돌고래에게도 공감 능력이 있을까요?

그래서 울면서도 밧줄을 당깁니다.

〈그랑블루〉에서 우리가 보는 것은 돌고래의 행동뿐입니다. 수족관에 갇힌 돌고래는 먹지도 않고 움직이지도 않아요. 바다에서는 자크가 찾자 뛰어오르죠. 자크가 바다에 들어오자 돌고래는 연속으로 뛰어오르고 지느러미를 잡은 자크와 함께 헤엄치며 입도 맞춰요. 자크가 바닷가로 나가 조안나와 만나자 지켜보다가 꼬리지느러미를 흔들고, 바다에 돌아온 자크 곁을 떠나지 않습니다. 모두 돌고래의 행동이죠.

만일 돌고래에게도 사람처럼 마음이 있다면 모든 행동은 마음의 동기로 설명할 수 있어요. 바다에 대한 그리움의 감정, 자크에 대한 사랑의 감정, 조안나에 대한 질투의 감정, 돌아온 자크에 대한 기쁨의 감정이 돌고래의 모든 행동을 설명해 주죠. 그러나 돌고래에게 마음 읽기 능력이 있는지에 대해서는 현대 과학에서도 찬반론이 갈려요.

동물원 나들이 팁

돌고래를 볼 때
우리나라의 동물원에서는 더 이상 돌고래를 볼 수 없어요. 돌고래 쇼가 없어졌고 마지막 돌고래 두 마리는 제주 바다에 방류되었어요. 혹시 다른 나라의 동물원에서 돌고래를 볼 기회가 생기면 돌고래가 정형 행동을 보이지 않는지 관찰해 보세요.

돌고래의 마음 이론에 대한 찬반론

동물심리학자 알랭 추딘Alain Tschudin은 큰돌고래에게 마음 이론이 있다는 것을 실험으로 증명하려 합니다. 먼저 돌고래 앞에 상자 두 개를 놓습니다. 실험자 1이 물고기 미끼를 두 상자 중 하나 속에 놓아요. 실험자 2는 실험자 1의 행동을 봐요. 상자는 스크린으로 가려져 있기 때문에 돌고래는 어느 상자에 미끼가 놓이는지 보지 못해요. 다만 돌고래는 실험자 2를 볼 수 있어요. 실험자 2는 발과 머리의 방향으로 자기가 미끼를 놓는 것을 보고 있다고 돌고래에게 알려 줍니다. 실험자 2는 스크린을 제거하고 물고기가 놓인 상자를 손으로 가볍게 두들긴 뒤 실험 지역에서 떠나요.

아무것도 모르는 실험자 3이 실험 지역에 들어와 돌고래에게 미끼가 있는 상자를 선택하게 해요. 돌고래는 원하는 상자 쪽으로 몸 방향을 돌리거나 다가가 자기의 선택을 알리죠. 실험 결과 성공률은 70퍼센트였어요. 추딘은 돌고래가 손으로 상자를 두드려 신호를 보내는 실험자 2의 마음을 읽기 때문에 성공한다고 보고 돌고래에게 마음 이론이 있다고 주장합니다.

그러나 생물학자 마사키 토모나가Masaki Tomonaga는 돌고래에게 마음 이론이 없다고 주장해요. 토모나가는 실험자의 몸짓 신호에 돌고래가 어떻게 반응하는지 실험합니다. 실험자는 몸과 머리를 여러 방향으로 돌리면서 손으로 몸짓 신호를 보내요. 만일 돌고래가 실험자의 마음에 주의를 기울이고 있다면 돌고래의 행동은 머리의 방향에 의해서만 영향을 받을 겁니다. 돌고래가 실험자의 머리 방향에 따라 눈을 맞춰야 사람의 마음 상태를 따를 수 있기 때문이죠.

그러나 실험 결과는 돌고래의 행동이 실험자의 머리 방향보다 몸 방향에 의해 조절된다는 것을 보여 줍니다. 토모나가는 큰돌고래에게 마음 이론이 있다는 추딘의 견해에 의문을 던져요.

고릴라와 친구가 된 인간, 〈정글 속의 고릴라〉

아프리카에서 인류 조상의 화석 뼈를 발굴한 고고학의 거장 루이스 리키Louis Leakey는 1966년 켄터키주 루이스빌에서 다음과 같이 말했어요.

이제 개척할 것은 두 분야만 남아 있습니다. 하나는 우주 탐험이고…… 또 하나는 과거 탐험…… 우리 연구의 한 분야가 유인원에 관한 거죠. 전 늘 이런 질문을 받습니다. '왜 이런 일을 하죠?' '200만 년간 묻힌 과거를 위해 왜 인생을 허비합니까?' 제가 할 수

고고학의 거장 루이스 리키는 인류의 조상을 찾기 위해
아프리카에서 화석 뼈를 발굴했어요.

있는 대답은 딱 한 가지입니다. 난 내가 누군지, 내 조상이 누군지 알고 싶소.

리키는 나와 내 조상이 누군지 알기 위해 인류 조상의 화석뿐 아니라 살아 있는 유인원을 연구하는 것이 중요하다고 생각하고 기금을 마련해 세 영장류학자를 돕습니다. 리키는 실험실보다 현장에서 연구해야 유인원의 참모습을 볼 수 있다고 믿고 세 학자를 밀림에 보내죠. 또 기성 이론에 물든 전문가보다 아마추어, 그리고 심신이 끈질긴 여성이 현장 연구에 적격이라고 판단해요. 침팬지는 제인 구달, 고릴라는 다이앤 포시Dian Fossey, 오랑우탄은 비루테 갈디카스Biruté Galdikas에게 맡깁니다. 아직 보노보는 넷째 유인원 종으로 인정받지 못한 시절이에요.

1967년 포시는 리키 박사가 주선한 후원으로 아프리카 콩고 밀림에서 마운틴고릴라를 탐사하기 시작합니다. 〈정글 속의 고릴라〉는 포시의 마운틴고릴라 탐사를 재현한 영화예요. 포시는 콩고 밀림에서 처음 6주 동안 고릴라를 한 마리도 보지 못해요. 그러다 어느 날 고릴라 똥에 미끄러져요. 포시는 똥이 아직 따뜻한 걸 보고 고릴라가 가까운 곳에 있다고 판단합니다. 그리고 결국 찾아요. 포시가 마운틴고릴라 무리에 접근하자 갑자기 등 쪽에 흰색 털이 난 어른 수컷 고릴라 실버백silverback이 나타나 쫓아옵니다. 고릴라가

마운틴고릴라 수컷은 어른이 되면 등 쪽의 털이 흰색으로 변해요.
그래서 실버백이라고도 부릅니다.

쫓아오면 절대 도망치지 말라고 배웠지만 소용없죠. 도망칩니다. 겨우 벗어나요.

포시는 내전 때문에 혼란한 콩고에서 쫓겨난 뒤 르완다에 캠프를 세우고 다시 고릴라들과 어울립니다. 어느 날 고릴라들과 섞여 있는 포시에게 실버백이 다가와요. 몸이 포시보다 세 배는 커 보여요. 포시가 몸을 움츠린 채 복종하는 자세를 취하죠. 실버백이 왼쪽 앞발로 털을 긁습니다.

"넷째, 다섯째 손가락에 물갈퀴가 있네. 안녕, 디짓."

포시는 우두머리의 이름을 디짓이라고 지어요. 디짓은 포시가 다가와 손을 내밀자 똥을 건넵니다. 포시가 고릴라의 똥을 수집하는 걸 본 디짓의 선물이죠. 포시는 기뻐합니다.

어느 날 시장에 간 포시에게 어떤 여자가 다가와 말을 겁니다.

"고릴라, 고릴라 손."

헝겊을 펼치자 잘린 고릴라 손이 나옵니다. 야생 고릴라는 성년이 되어 잡히면 동물원에 적응하고 살 수 없기 때문에 밀렵꾼들은 새끼 고릴라를 노려요. 그러나 고릴라 무리는 새끼를 목숨 걸고 지키기 때문에 밀렵꾼들은 새끼 고릴라를 사로잡기 위해 고릴라 무리를 몰살하는 방법을 씁니다.

장면이 바뀌고, 디짓의 무리를 향해 밀렵꾼들이 다가옵니다. 암컷 고릴라인 심바가 디짓의 새끼를 2주 후면 출산하는 상황이에요. 디짓이 눈치 채고 소리를 지릅니다. 포시 일행도 하산하다가 그 소리를 듣고 다시 올라갑니다. 디짓이 밀렵꾼들에게 용감하게 맞서 싸웁니다. 그러나 밀렵꾼의 수가 너무 많아요. 포시가 도착했을 때 디짓은 목과 두 손이 잘린 채 죽어 있어요. 다행히 다른 고릴라들은 도망갑니다.

포시는 디짓 무리를 다시 찾아냅니다. 심바가 낳은 새끼를 발견해요.

"넷째, 다섯째 손가락에 물갈퀴가 있네."

디짓의 새끼가 틀림없어요.

그런데 어느 날 밤, 잠든 포시의 방문이 열리고 칼이 허공으로 올라갔다 내리꽂히는 그림자가 비칩니다. 포시는 디짓 옆에 묻힙니다. 포시의 죽음은 아직도 의문사로 남아 있어요.

동물원 나들이 팁

고릴라를 볼 때
고릴라 등에 은색 털이 있는지 살펴보세요. 우두머리 수컷의 등에는 은색 털이 자라요. 고릴라가 다른 고릴라나 관람객의 눈치를 살피는지도 관찰해 보세요. 사람의 의도를 알려고 노력하는 건지도 몰라요.

카메라 렌즈에 얼굴을 비춰 보다

〈내셔널지오그래픽〉에서 파견한 기자가 포시의 허락을 받고 고릴라들을 촬영할 때 어느 고릴라가 흥미로운 모습을 보여 줍니다. 이 고릴라는 기자의 카메라에 아주 가까이 다가가 렌즈에 자기 모습을 비춰 봐요. 이 행동은 고릴라가 렌즈에 비친 모습이 자기라는 것을 안다고 시사하죠.

동물의 자기 앎이 가능한지 연구할 때 가장 널리 쓰이는 방법은 거울 실험이에요. 동물이 잠들어 있거나 마취되어 있을 때 얼굴이나 몸에 눈에 띄는 표시를 하고 동물이 깨어난 뒤 거울에 자기 얼굴이나 몸을 비춰 보는지 관찰하는 거예요. 아이는 보통 18~24개월부터 거울에 비친 모습이 자기인 줄 알아요. 침팬지, 고릴라, 오랑우탄, 보노보 등 유인원도 이 실험을 통과한다고 알려져 있고요. 침팬지는 거울을 보면서 자기 이빨 사이에 낀 음식 찌꺼기를 손톱으로 빼내기도 해요. 그러나 원숭이들은 대부분 거울에 자기 모습이 비치면 남인 줄 알고 으르렁거리거나 공격해요. 아이도 보통 18개월 전에는 거울을 보고도 자기 얼굴에 뭐가 묻었는지 알지 못해요.

거울에 비친 모습이 자기인 줄 아는 동물은 자기 몸에서 일어나는 행동의 원인도 알 수 있어요. 예를 들어 이런 동물은 음식을 찾는 자기 행동의 원인이 자기 몸의 배고픔이라는 것을 알아요. 자기 행동의 원인을 아는 동물은 다른 동물과 효율적으로 상호 작용할 수 있어요. 동물이 다른 동물과 효율적으로 상호 작용하면 생존 기회가 늘어나죠.

리키 박사는 포시에게 위험하니까 아예 고릴라들과 신체 접촉을 하지 말라고 경고합니다. 그러나 포시는 우두머리를 제외한 다른 고릴라들과의 신체 접촉에 성공해요. 그다음 우두머리 디짓에게 복종하는 자세를 취하죠. 말하자면 고릴라 행세를 하는 겁니다. 포시가 디짓에게 복종하는 자세를 취하는 까닭은 디짓에게 한 대 맞으면 즉사할 수 있다는 것을 알기 때문이죠. 포시는 디짓과 효율적으로 상호 작용해 맞지 않을 뿐 아니라 디짓의 손도 만져요.

디짓 무리와 가까워진 포시는 위험한 행동을 하기도 해요. 포시는 고릴라들을 흉내 내서 친해져요. 나뭇잎을 씹고 우거지상을 하고 머리를 긁죠. 그러다 포시는 자기 가슴을 두 손으로 두들겨요. 이를 본 디짓이 갑자기 씩씩거리며 포시에게 다가옵니다. 포시는 뒤로 돌아 머리를 조아리며 복종하는 자세를 취해요. 디짓이 그냥 지나갑니다.

디짓이 가슴을 두드리는 포시의 마음을 읽을 수 있을까요? 고릴라, 특히 수컷 마운틴고릴라는 싸울 때 가슴을 두드려요. 말하자면 가슴을 두드리는 행동은 고릴라에게 '싸우자, 덤벼라!'라는 뜻이죠. 디짓은 포시가 가슴을 두드릴 때 '싸우자, 덤벼라!'라는 의도를 읽었을까요? 우리는 포시가 그런 의도를 가지고 있지 않다는 걸 알아요. 오히려 '친하게 지내자!'라는 의도로 고릴라의 행동을 흉내 낸 거죠. 디짓이 포시의 진짜 의도를 알 수 있을까요?

고릴라에게 마음 이론이 있을까?

고릴라의 마음 이론에 대한 연구 성과는 아직 뚜렷한 것이 없습니다. 디짓이 포시의 마음을 읽어서 씩씩거리며 다가가거나 그냥 지나간 것이 아닐 수 있어요. 디짓은 '가슴을 두드리는 녀석이 있으면 공격하라!'라는 행동 규칙이나 '등을 돌리고 머리를 조아리면 공격하지 말라!'라는 행동 규칙에 따를 뿐인지도 몰라요. 상황에 따른 행동 규칙들만 있으면 고릴라는 마치 남의 욕망이나 의도를 읽는 것처럼 행동할 수 있어요. 그렇다면 고릴라에게는 마음 이론이 없는 것이죠.

열 길 물속은 알아도 한 길 사람 속은 모른다는 말이 있어요. 한 길 사람 속은 알아도 동물 속은 한 치도 모른다는 말도 나올 법하죠. 사람은 내 속을 보면 남의 속도 알 수 있지만 우리가 개나 소나 고릴라가 되어 볼 수 없는 한 동물 속은 알 수 없어요. 그러나 동물

속을 아는 일이 완전히 불가능하다면 동물의 마음을 연구하는 과학이 왜 있겠어요? 동물의 마음은 현재 동물을 연구하는 과학자들 사이에서 뜨거운 이슈들 가운데 하나입니다.

〈정글 속의 고릴라〉는 고릴라에게 마음 이론이 있다고 증언해요. 디짓은 평소 포시가 고릴라 똥에 깊은 관심을 가지고 수집하는 걸 봅니다. 고릴라 똥은 고릴라가 무엇을 먹고 무엇을 소화하며 어떤 병에 걸려 있는지를 알아내는 중요한 자료예요. 포시는 고릴라 똥을 발견할 때마다 크게 기뻐해요. 디짓은 포시에게 똥을 한 움큼 선물합니다. 포시가 고릴라 똥을 좋아한다고 생각한 거예요. 포시의 마음을 읽은 거죠.

8.

동물과 사람의 경계를
어떻게 나눌까?

"기계가 생각할 수 있을까?"

1950년 인공지능의 가능성을 처음 제안한 수학자 앨런 튜링Alan Turing이 던진 물음이에요. 튜링의 대답은 이젠 '튜링 검사Turing Test'라는 말로 널리 알려져 있어요. 튜링 검사에서 사람은 인공지능 프로그램과 5분 동안 온라인으로 메시지를 주고받으며 대화를 나누어요. 그리고 대화 상대가 사람인지 프로그램인지 판단하죠. 대화 상대를 사람이라고 오판한 확률이 30퍼센트를 넘으면 검사를 받은 인공지능 프로그램은 튜링 검사를 통과

앨런 튜링은 1950년 인공지능의 가능성을
처음 제안했어요.

한 거예요. 사람과 구별되지 않는다면 생각하는 기계로 볼 수 있다는 뜻이죠.

어렵죠? 조금 더 쉽게 설명해 볼게요. 한마디로 우리가 인터넷 채팅 창에서 어떤 프로그램과 5분 동안 이야기한 뒤 그 프로그램을 사람으로 오판한 것이 열 번 중 세 번 이상이면 그 프로그램은 사람으로 봐야 한다는 거예요.

기계와 사람의 경계를 찾다

알파고와 이세돌의 바둑 대결 덕분에 인공지능에 대한 관심이 뜨거워졌어요. 기계와 사람의 경계가 무엇이냐는 철학 문제도 덩달아 관심을 끌고 있죠. "기계가 생각할 수 있을까?"라는 질문이 바로 기계와 사람의 경계를 찾는 문제예요. 사람만 가진 특성이라고 철학자들이 오랫동안 주장한 '생각', '이성' 등을 기계도 가질 수 있느냐는 문제죠. 긍정으로 결론이 나면 기계와 사람의 오랜 경계가 무너져요.

기계와 사람의 경계 찾기 문제는 더 오랜 철학 화두의 연장선

위에 있어요. 바로 동물과 사람의 경계 찾기죠. 동물에게는 없고 사람에게만 있는 특성을 밝히는 문제예요. 기계와 사람의 경계 찾기 문제는 기계에 없는 사람만의 특성을 밝히는 문제고요. 물론 동물도 기계도 생각이나 이성을 가질 수 있다면 사람만의 특성은 없다고 결론이 날 수도 있어요.

결론도 중요하지만 과정도 중요해요. 동물, 사람, 기계의 경계 찾기 문제를 풀려고 노력하다 보면 어떤 특성이 그 경계에 해당하는지를 놓고 논쟁이 벌어져요. 논쟁이 있는 곳에는 학문이 진보할 가능성도 생기죠.

데카르트의 동물 기계론

동물, 사람, 기계의 경계 찾기 문제는 철학의 오랜 화두지만 근대에는 데카르트가 뚜렷하게 제기해요. 데카르트는 철학자로 알려져 있지만 동물학자, 생리학자, 의사, 수학자, 물리학자, 공학자이기도 했어요. 어릴 때 죽은 딸이 그리워 움직이는 인형을 만들었다는 설도 있어요. 자동 기계의 선구자 자크 드 보캉송은

데카르트의 동물 기계론을 '플루트 연주자', '소화하는 오리' 등
으로 구현했다고 하고요.

비록 어떤 기계가 우리 몸과 비슷한 모습을 가지고 도덕적으로
허용되는 한 우리 행동을 모방하더라도 우리는 그 기계가 사람
과 많이 닮았지만 진짜 사람은 아니라고 판정할 수 있는 두 가
지 매우 분명한 방식을 가지고 있다. 첫 방식은 그 기계가 우리
가 우리 생각을 남들에게 천명하기 위해 하는 것처럼 낱말들을
사용하거나 다른 기호들을 조합할 순 없다는 것이다. 우리는 낱
말들을 말하게 만들어진 기계를 얼마든지 생각해 볼 수 있다.
심지어 이 기계는 몸의 기관에 변화를 일으키는 작용에 대응하
는 낱말들을 말한다.(예를 들어 당신이 그 기계의 한 지점을 만지면
그 기계는 당신이 무엇을 원하는지 묻는다. 당신이 다른 지점을 만지면
그 기계는 당신이 자기를 해치고 있다고 비명을 지른다.) 그러나 그 기
계가 어떤 말을 듣던 적절하게 의미 있는 대답을 할 만큼 낱말
들을 서로 다르게 배열한다는 건 생각할 수 없다.

《방법서설》

데카르트의 말이에요. 튜링 검사와 비슷한 아이디어가 담겨

있어요. '데카르트 검사Descartes Test'라 부를 만하죠. 데카르트 검사에서도 핵심은 기계와 사람의 대화예요. 기계가 사람이 하는 모든 말에 낱말들을 적절하게 조합해 의미 있는 대답을 할 순 없다는 것이 데카르트 검사의 핵심 결론이죠. 데카르트가 이 말을 한 때가 1637년이니까 튜링보다 무려 313년이나 앞섰어요. 데카르트의 긴 문단 앞에는 한 문장이 더 있어요.

나는 원숭이나 이성 없는 다른 동물의 기관들과 겉모습을 가진 기계가 있다면 우리는 그 기계가 이런 동물과 같은 본성을 전혀 가지지 않는다고 알 길이 없다는 걸 증명하려고 애썼다.

《방법서설》

어려운 말이지만 기계와 동물을 구별할 수 없다는 뜻이에요. 기계가 사람 모습이라면 사람이 아니라고 판정할 길이 있지만 기계가 동물 모습이라면 동물이 아니라고 판정할 길이 없다는 거죠. 데카르트의 눈으로 보면 기계와 동물은 모두 이성이 없는 자동 기계예요. 데카르트는 심지어 사람의 몸도 기계, 동물과 똑같은 자동 기계라고 해요. 사람의 마음만이 이성을 가지고 있어서 기계, 동물, 몸과 다른 거라고 봐요.

데카르트에 도전하다

튜링은 기계나 컴퓨터 프로그램이 튜링 검사를 통과할 가능성을 열어 놓았지만 데카르트는 기계나 동물이 데카르트 검사를 통과할 가능성이 없다고 봤어요. 데카르트가 처음부터 그 가능성을 닫아 놓은 건 아니고 긴 탐구 끝에 내린 결론이죠.

그러나 데카르트의 동물 기계론에 대한 도전은 지금도 계속되고 있어요. 지금까지 우리는 이 도전을 다양하게 살펴봤어요. 돌고래, 고릴라, 침팬지가 마음 이론을 가진다는 견해, 앵무새, 침팬지, 보노보가 사람의 언어를 이해하고 사용할 수 있다는 견해, 송어, 이구아나가 감정을 가진다는 견해, 꿀벌과 같은 무척추동물도 감각을 의식할 수 있다는 견해 등이 데카르트가 동물과 사람 사이에 세워 놓은 경계를 허물기 위한 도전이죠.

그러나 데카르트를 지지하는 견해도 만만치 않아요. 데카르트가 세워 놓은 경계가 옳다는 걸 뒷받침하는 과학 연구 성과가 많이 있어요. 돌고래, 고릴라, 침팬지에게는 마음 이론이 없다는 견해, 앵무새, 침팬지, 보노보는 통사 규칙을 이해하지 못한다는 견해, 무척추동물과 송어, 이구아나의 감각과 감정은 의식되지 않는다는 견해 등이 데카르트의 주장을 뒷받침하는 연구 성과 예요.

우리는 앞에서 동물의 감각, 감정, 언어, 자의식을 주제로 동물과 사람의 경계를 찾아봤어요. 세 가지로 추릴 수 있죠. 첫째, 동물의 감각, 감정은 의식되지 않을 수 있다. 둘째, 동물의 언어는 낱말들로 문장을 만드는 통사 규칙을 이해하지 못한 것일 수 있다. 셋째, 동물에게는 자기와 남의 마음을 읽는 마음 이론이 없을 수 있다. 결국 의식, 통사, 마음 이론이 사람과 동물을 가르는 경계라 할 수 있죠. 의식, 통사, 마음 이론은 아직도 견고한 경계 같아요.

고양이나 개가 아픔과 슬픔을 느낄까?
고양이나 개가 내 말을 알아들을까?
고양이나 개가 나의 믿음, 욕망, 의도를 알 수 있을까?

의식, 통사, 마음 이론을 우리가 기르는 반려동물에 적용하면 이런 문제들이 나와요. 반려동물과 독백이 아니라 소통을 하고 싶다면 한번쯤 생각해 볼 문제예요. 당연히 그렇다는 직감과 선입견을 내려놓고서요.

아마존 밀림에서 안경원숭이가 바나나를 얻기 위해 제 목에 탄 적이 있어요. 엉덩이가 제 목에 닿아 물컹했죠. 안경원숭이가 떠난 뒤 얼른 손으로 목을 훑어 냄새를 맡아 봤어요. 고약한 냄새가 나지 않을까 염려했죠. 그러나 아무 냄새도 나지 않았어요. 안경원숭이도 몸을 청결하게 유지하는 것 같았어요. 안경원숭이의 엉덩이 냄새는 고약할 거라는 제 선입견도 내려놓을 수 있었죠. 이 책이 동물의 마음에 대한 선입견을 내려놓는 데 작은 도움이 되길 바라요.

동물에게
이성이 있다면

얼 안녕하세요. 데카르트 선생님과 다윈 선생님을 모시고 마지막 주제, 동물의 이성에 관해 이야기를 나누어 보겠습니다. 두 분 나와 주셔서 고맙습니다.

데카르트 안녕하세요. 주제가 동물의 이성이라는데 이성이 무엇을 의미하나요?

얼 데카르트 선생님이 시작부터 돌직구를 던지시는군요. 아무래도 동물에게 이성이라는 말을 쓰는 게 불편하신가 봅니다.

다윈 안녕하십니까. 그런데 저도 이성이라는 개념은 먼저 범위를 정해야 한다고 생각해요. 저는 이성을 동물이 가질 수 있는 다양한 마음 능력 가운데 하나로 좁혀서 봤는데 오늘 주제에서 이성은 좀 넓은 범위를 포괄하는 것 같아요.

얼 네. 맞습니다. 오늘 이성은 꽤 넓은 의미로 사용됩니다. 데카르트 선생님은 "나는 생각한다. 그러므로 나는 있다"라는 명제에서 생각을 의심, 이해, 의지, 상상을 포괄하는 뜻으로 사용한다고 말씀하셨죠?

데카르트 그렇죠. 저는 이 가운데 의심, 이해, 의지를 이성 또는 지성이라고 부릅니다.

얼 다윈 선생님은 동물에게 감각, 감정, 호기심, 주의, 기억, 상상, 이성, 언어, 자의식, 미감, 도덕감 등 거의 모든 마음 능력을 조금씩이나마 허용하시면서 이성을 기억, 언어, 자의식과 구별되는 좁은 의미로 사용하십니다. 두 분 사이에 활동한 철학자 임마누엘 칸트 Immanuel Kant 선생님은 사람의 마음을 감성, 오성, 이성, 상상력으로 분류합니다. 여기서 오성은 좁은 뜻에서 이성이에요.

오성은 범주를 사용하는 능력이에요. 범주는 총 12개인데 그중에는 원인이라는 범주, 결과라는 범주도 있어요. 이 두 가지 범주를 사용하면 우리는 인과관계를 알 수 있어요. 예를 들어 불이 붙는 원인이 있으면 연기가 난다는 결과를 알 수 있어요. 이때 우리가 범주를 사용하는 오성의 능력을 발휘한 거죠. 그리고 이성은 넓은 뜻에서 영혼, 우주, 신 등에 관해 생각하는 능력도 포함해요. '영혼은 몸이 죽은 뒤에도 살아 있을까?', '우주는 끝이 있을까?', '신은 있을까?' 이런 생각을 할 때 우리는 이성을 사용하는 거예요. 말이 길었네요.

다윈 그렇다면 제가 말한 이성은 칸트 선생님이 말한 좁은 의미에서 이성, 즉 오성과 같겠군요.

얼 네. 그렇습니다. 그리고 오늘 주제인 이성은 넓은 의미를 지닙니다. 이성은 나열하면 의심, 이해, 의지, 주의, 기억, 언어, 자의식 등입니다. 칸트 선생님의 용어로 말하면 오늘 말할 이성은 사람의 마음에서 감성과 상상력을 제외하고 오성과 이성을 더한 것이라고 할 수 있습니다. 미감이나 도덕감은 이름에서 보이듯이 감각 또는 감정의 요소를 포함하니까 오늘 토론거리에서는 빼겠습니다.

동물에게는 이성이 있다 : 다윈

얼 동물의 고통, 동물의 언어에 이어 동물의 이성에 관해서도 두 분의 의견은 정반대예요. 데카르트 선생님은 동물에게 이성을 허용하지 않으십니다. 반면 다윈 선생님은 동물에게 이성을 조금이나마 허용하시죠. 다윈 선생님의 의견부터 듣겠습니다.

다윈 원숭이가 출연하는 연극이 있어요. 원숭이 조련사에게 물어 보면 원숭이에게는 주의력이 있어요. 원숭이가 벽에 붙은 파리를 쳐다보느라 주의를 기울이지 않으면 훈련 효과는 떨어져요. 이때 조련사는 부주의한 원숭이에게 벌을 줍니다. 그럼 원숭이가 샐쭉 하게 토라지죠. 원숭이가 신중하게 주의를 기울이면 조련사가 원 하는 대로 훈련할 수 있어요.

얼 주의는 어떤 일에 의식을 집중하는 거죠. 특히 학습할 때 필요 한 마음 능력이에요. 그러니까 주의도 넓은 의미에서 이성에 포함 된다고 할 수 있겠네요.

다윈 동물의 기억력을 보여 주는 예도 얼마든지 있습니다. 코끼리, 소는 오랫동안 떨어져 있던 자식을 쉽게 알아봐요. 심지어 개미도 자기 동료를 알아보죠. 제가 직접 경험한 일도 있습니다. 5년 2일 동안 떨어져 있던 개가 저를 알아본 적이 있어요.

얼 개미가 동료를 알아보는 것은 현대 과학에 의하면 페로몬이라 불리는 분비물 때문인데요. 페로몬은 냄새와 같은 감각을 일으키

"동물의 기억력을 보여 주는 예는 얼마든지 있습니다.
코끼리는 오랫동안 떨어져 있던 자식도 쉽게 알아봐요."
_다윈

고 같은 종의 동물끼리 소통하는 데 사용되는 화학물질이에요. 그런데 기억이 이성의 작용이라면 개미가 동료를 알아보는 것을 기억이라 할 수 있을까요?

다윈 감각과 감각의 보존은 구별해야 합니다. 개미가 페로몬의 감각을 보존해 동료를 알아보는 것은 기억의 일종이라고 할 수 있을 듯해요. 코끼리, 소, 개가 오랫동안 떨어져 있던 동료나 가족을 알아보는 것도 눈, 코, 귀 등에 의한 감각을 보존한 데서 비롯할 테니까요.

얼 현대 과학은 기억을 단기 기억과 장기 기억으로 나누는데 다윈 선생님이 말씀하신 감각의 보존은 장기 기억과 관련되는 듯합니다. 단기 기억은 감각 정보를 임시로 저장하는 것이고 그다음 이 정보가 장기 기억의 저장소에 보관되죠. 선생님이 예로 드신 코끼리, 소, 개, 개미의 기억은 모두 장기 기억에 속한다고 볼 수 있어요.

다윈 동물의 주의, 기억에 이어 좁은 의미에서 이성에 대해서도 이야기하겠습니다. 창꼬치라는 물고기가 있어요. 한 가지 실험을 했는데요. 가운데 유리 벽이 있는 수조에 창꼬치를 가두고 반대편에 작은 물고기를 먹이로 넣어 두면 창꼬치가 유리 벽을 향해 돌진

합니다. 무려 3개월 동안이나 돌진해서 머리를 유리 벽에 박다가 그만두죠. 그 후 유리 벽을 제거해도 창꼬치는 반대편으로 돌진하지 않아요. 물고기가 창꼬치 쪽으로 건너올 경우 게걸스레 잡아먹지만요. 창꼬치는 유리 벽에 부딪힌 불쾌한 관념을 연상한다고 볼 수 있어요.

원숭이쯤 되면 자기 행동 때문에 고통스러운 느낌이나 불쾌한 느낌을 한두 번만 받아도 다신 그 행동을 하지 않아요. 창꼬치나 원숭이가 이렇게 관념의 연상 작용을 한다는 것은 이성을 가지고 있다는 증거죠.

동물원 나들이 팁

① 코끼리를 볼 때
실내에서 코끼리들이 어떻게 지내는지 살펴보세요. 코끼리는 겨울에 실내에서 생활하는데, 좁고 콘크리트 바닥이어서 좋지 않은 환경이라고 해요.

② 무지개송어를 볼 때
아쿠아리움에 가면 무지개송어를 찾아보세요. 무지개송어는 두려움을 느낄 수 있다는 연구 결과가 있어요. 무지개송어가 도망치는 행동을 하는지 살펴보세요. 두려움의 감정이 도망치는 원인일 수 있어요.

"창꼬치는 불쾌한 관념을 기억하고 연상할 수 있어요.
이성을 가지고 있다는 증거죠."
_다윈

동물에게는 이성이 없다 : 데카르트

얼 자, 이제 동물의 이성에 대한 데카르트 선생님의 의견을 들어 볼 차례입니다.

데카르트 우선 한 가지 궁금한 게 있어요. 관념들의 연상이라는 게 뭔가요? 그리고 관념들을 연상하는 능력이 이성인가요?

다윈 관념들의 연상이 이성이라는 것은 데카르트 선생님 다음에 활동한 철학자 데이비드 흄David Hume 선생님의 견해입니다. 예를 들어 창꼬치의 경우 유리 벽에 돌진한다는 관념은 아프다는 관념을 연상시키죠. 흄 선생님은 연상 대신 연합이라고 하는데요. 유리 벽에 돌진한다는 관념과 아프다는 관념의 연합은 인과 연합의 한 예입니다. 인과 연합은 원인의 관념과 결과의 관념을 결합하는 거죠. 그리고 원인의 관념과 결과의 관념을 연합하는 것은 이성이 하는 일이에요.

데카르트 유리 벽에 돌진한다는 관념은 경험에서 생기고 아프다는 관념도 경험에서 생깁니다. 하지만 사람이 가진 관념 중에는 경험에 전혀 의존하지 않는 관념도 있어요. 신이 전지전능하다는 관넘은 영혼에서 생겨요. 또 머리가 사자, 몸통이 양인 키메라에 대한 관념은 상상에서 생기죠. 이성은 영혼의 작용이니까 순수하게 영혼의 작용으로 생기는 관념은 동물에게 있을 수 없어요.

얼 데카르트 선생님은 이성의 정의와 관련해 다윈 선생님에게 반론을 제기하시는군요. 다윈 선생님은 이성을 흄 선생님처럼 관념들을 연합하는 능력이라고 보고 관념들은 모두 경험에서 생긴다고 보십니다. 그러나 데카르트 선생님은 경험에서 생기지 않고 영혼의 작용으로만 생기는 관념도 있다고 보시죠. 그리고 이런 영혼의 관념은 동물이 가질 수 없다는 게 데카르트 선생님의 견해인 듯합니다.

데카르트 그렇습니다. 나아가 동물은 이성의 기본인 이해 능력을 가질 수 없어요. 동물은 영혼이 없어서 의식도 할 수 없기 때문입니다. 우리가 무언가를 이해한다는 것은 그것을 의식하는 것을 전제합니다. 예를 들어 내가 아픈 이유가 벽에 부딪힌 것 때문이라고 이해한다는 것은 내가 벽에 부딪힌 것을 의식하고 아픈 것도 의식해야 가능해요. 만일 벽에 부딪힌 것을 의식하지 못하고 아픈 것도 의식하지 못하면 벽에 부딪힌 것을 원인으로 이해하고 아픈 것을 결과로 이해할 수 없어요. 예를 들어 약물에 취해 의식이 몽롱한 사람은 벽에 부딪혀 아픈 인과관계를 이해할 수 없죠.

얼 창꼬치도 벽에 부딪힌 것이 원인이고 아픈 것이 결과라고 이해한다고 볼 수 없습니까?

데카르트 창꼬치도 벽에 부딪히면 아픔을 느끼지만 영혼이 없으니까 벽에 부딪힌 것을 의식하지 못하고 아픈 것도 의식하지 못합니다. 창꼬치는 아무것도 의식하지 못하더라도 자꾸 벽에 부딪히다 보면 벽에 돌진하지 않을 순 있어요. 훈련에 의한 습관 때문이죠.

얼 지난 모임 때 데카르트 선생님이 말씀하신 훈련에 의한 습관은 현대 과학에서 연합 학습이라 부른다고 말씀드렸습니다. 연합 학습은 특정한 자극과 특정한 반응이 되풀이되면 둘이 연결되어 있다고 학습하는 거죠. 쌍살벌이 독이 든 애벌레를 먹지 않는 법을 배우는 것처럼 곤충도 할 수 있는 거고요.

데카르트 그렇다면 다윈 선생님이나 흄 선생님이 말씀하시는 관념들의 연합은 의식 없이 일어나는 연합 학습도 포함할 수 있겠네요. 하지만 이성이 하는 일은 의식 없이 일어날 수 없습니다.

얼 이성이 반드시 의식을 전제한다는 말씀은 이해하기 어려운데요.

데카르트 지난 모임 때 까치, 앵무새의 말하기에 관해 제가 이야기한 것도 의식과 관련이 있어요. 까치, 앵무새가 "안녕"이라는 말의 의미를 이해하고 사용하려면 자기가 "안녕"이라고 말하는 것을 의식해야 합니다. 우리는 "안녕"이라고 말할 때 수영하거나 자전거를 타면서 팔다리를 움직이는 것처럼 입과 혀와 목만 움직이지 않습니다. 우리는 "안녕"이라는 말이 "꺼져"와 의미가 다르다는 것을 알아요. 그리고 의미가 다르다는 것을 알려면 우선 우리가 "안녕" 또는 "꺼져"라고 말하고 있다는 것을 의식해야 합니다. 까치나 앵무새는 자기가 말하는 것을 의식하고 있다고 볼 수 없습니다.

동물에게 마음 이론이 있을까?

얼 데카르트 선생님은 동물에게 영혼이 없어서 자신의 말이나 행동을 의식할 수 없으니까 자신의 말이나 행동을 이해할 수도 없고, 따라서 무언가 이해하는 능력인 이성도 없다고 보시는 것 같습니다. 다윈 선생님, 반론해 주시겠습니까?

다윈 제가 키우는 사냥개 테리어에게 "이봐, 이봐. 어디에 있니?" 라고 간절히 말하면 개는 사냥감이 있다는 소리로 받아들입니다. 사냥개는 대개 주위를 재빨리 둘러보고 사냥감의 냄새를 맡기 위해 가까운 덤불 속으로 달려 들어가죠. 사냥개의 이런 행동은 주인의 말이나 마음을 알아차리고 이해한다는 걸 보여 줍니다.

얼 선생님은 개에게 마음 이론이 있다고 주장하시는군요. 마음 이론은 나와 남의 마음을 읽는 능력이죠. 마음 읽기가 곧 마음 이해하기라는 뜻이죠?

다윈 네. 사냥개는 주인의 마음, 곧 남의 마음을 읽을 뿐 아니라 자기 마음도 읽고 있죠. 사냥개는 자기가 사냥감을 찾아 사냥해야 한다는 것을 알기 때문에 이런 행동을 한다고 봐야 하니까요. 개에게 자의식도 있다고 봐야 해요.

데카르트 사냥개의 행동은 굳이 의식, 자의식, 마음 이론을 동원하지 않아도 설명할 수 있어요.

얼 데카르트 선생님이 바로 반론을 펴시는군요. 어떻게 설명할 수 있나요?

"사냥개의 행동은 굳이 의식, 자의식,
마음 이론을 동원하지 않아도 설명할 수 있어요."
_데카르트

데카르트 사냥개는 주인이 뭐라고 말할 때 사냥하고 싶어 하는 주인의 마음을 알 필요가 없어요. 사냥개는 주인의 말하는 행동만 보고도 사냥감을 찾으러 덤불 속에 뛰어들 수 있어요.

얼 데카르트 선생님은 개가 사람의 마음을 읽지 않고 행동만 읽어도 사냥할 수 있다고 보시는군요.

데카르트 네. 사냥개는 주인이 말하는 행동을 보고 동물 정기와 솔방울샘이 움직이면 다리 근육 쪽으로 다시 동물 정기가 움직여 덤불 속으로 뛰어들 수 있습니다. 사냥개가 덤불 속으로 뛰어드는 것은 주인의 마음을 읽고 자기 임무를 알기 때문이 아니라 훈련을 통해 얻은 습관 덕분이라고 볼 수 있어요.

다윈 자신은 어디서 와서 어디로 가며 삶은 무엇이고 죽음은 무엇인지를 고민하는 것이 자의식이라면 사람 말고 어떤 동물도 자의식을 가지고 있지 않다고 볼 수 있어요. 하지만 자의식은 거창한 것이 아닐 수도 있어요. 개의 기억력이 뛰어나다는 것은 잘 알려져 있죠. 기억력이 뛰어난 늙은 사냥개가 젊은 시절 사냥의 즐거움과 고통을 기억하지 않는다고 어떻게 단언할 수 있겠습니까? 자신에 대한 이런 기억도 자의식의 하나라고 봐야 합니다.

얼 자의식은 자기에 대한 앎이니까 자기에 대해 기억하는 것도 자의식에 속한다고 볼 수 있겠죠. 예를 들어 내가 과거에 누군가를 사랑했다면 그 사람을 기억하는 것도 자기에 대한 앎, 내가 그 사람을 과거에 사랑했다는 앎이니까 자의식이라 할 수 있습니다.

데카르트 동물에게 자기에 대한 앎이 전혀 없다고 말하고 싶은 건 아니에요. 사냥개도 자기가 사냥감 앞에 있다는 건 알아요. 하지만 사냥개는 이 앎을 의식할 순 없어요. 영혼이 없기 때문이죠. 영혼이 없으면 동물 정기와 솔방울샘의 움직임을 수용할 수 없으니까 의식도 없어요. 그러나 사냥개는 동물 정기와 솔방울샘이 움직이면 자기가 사냥감 앞에 있다는 걸 알고 덤불 속으로 뛰어들 수 있어요. 동물 정기와 솔방울샘의 움직임을 통해 자신이 사자 앞에 있다는 걸 알면 역시 동물 정기와 솔방울샘의 움직임을 통해 도망치거나 대들 수도 있죠.

얼 데카르트 선생님은 동물이 자기 앎을 의식 없이 가질 수 있다고 보시는군요.

데카르트 그렇습니다. 사냥개가 사냥감이나 사자 앞에 있다는 것을 아는 건 자기의 몸과 위치에 대한 앎이니까 자기 앎이죠. 그러나 의식을 동반하지 않은 자기 앎입니다.

다윈 동물의 마음 능력에 대한 데카르트 선생님의 거의 모든 견해는 동물에게 의식을 허용하지 않는다는 전제 위에 있어요. 선생님은 동물이 고통을 느끼지 못하는 것도, 사람의 말을 이해하지 못하는 것도, 이성을 가지지 못하는 것도 모두 영혼이 없고 의식이 없기 때문이라고 주장해요. 그러면 문제는 도대체 의식이 무엇이냐는 겁니다.

동물원 나들이 팁

박쥐를 볼 때
'내가 박쥐가 되면 맞을 때 아플까?' 생각해 보세요. 사람은 박쥐가 되어 볼 수 없기 때문에 결코 답을 얻을 수 없다고 주장하는 사람들이 있어요. 그러나 답을 얻으려 도전하는 과학자들도 있어요.

의식은 일차일까, 고차일까?

얼 어려운 문제가 다시 나왔군요. 의식은 현재 뇌과학자, 심리학자, 철학자 등이 함께 해명하려고 노력하는 문제입니다. 아직 잘 해명되지도 않았어요. 내가 썩은 냄새를 맡을 때 내 뇌에서 무슨

박쥐는 아픔을 느낄까요? 박쥐가 되어 볼 수 없기 때문에
답을 얻을 수 없다고 주장하는 사람도 있지만,
답을 얻으려 도전하는 과학자도 있어요.

일이 일어나는지는 뇌과학이 언젠가 기술할 겁니다. 하지만 썩은 냄새를 맡는 게 어떤 느낌인지는 설명하기 어려워요. 내가 썩은 냄새를 맡는 것은 경험의 주관 느낌이기 때문이죠. 철학자 토머스 나겔Thomas Nagel은 내가 썩은 냄새를 맡는 것은 내가 박쥐가 되는 것과 같아서 박쥐가 되어 보지 않은 이상 완벽하게 설명할 수 없다고 말해요. 지금까지 동물의 마음에 관해 이야기를 나눴지만 가장 기본적인 한계는 우리가 동물이 되어 볼 수 없다는 데 있습니다.

다윈 그래도 경험의 주관 느낌, 곧 의식에 대한 최신 연구 성과가 있겠죠? 어떤 건가요?

얼 네. 뇌과학자, 심리학자, 철학자는 의식이라는 어려운 문제에 계속 도전하고 있어요. 의식에 대한 심리 철학의 연구 성과만 조금 말씀드리겠습니다.

현재 철학자들은 의식을 일차 표상으로 보느냐 아니면 고차 사유로 보느냐는 데서 의견이 갈려 있어요. 예를 들어 치과에서 마취하지 않고 이를 드릴로 갈면 극심한 고통이 와요. 의식을 일차 표상이라고 보는 철학자들은 이를 드릴로 가는 경험과 더불어 극심한 고통이 바로 온다고 봐요. 모든 의식은 경험과 같은 차원에 있다는 거죠. 하지만 의식을 고차 사유라고 보는 철학자들은 의식을 경험에서 한 차원 이상 넘어서 있다고 봅니다. 우리는 마취하고 이를 갈면 고통을 겪을 수 없으니까 고통의 의식은 이를 가는 경험을 넘어서 있다는 거죠. 의식할 수 없는 경험을 넘어서야 의식이 생기니까 의식은 이차 이상이라는 뜻에서 고차라는 것이고요.

데카르트 저는 의식을 고차 사유로 보는 견해에 동의합니다. 동물에게는 영혼이 없고 의식이 없으니까 마취하지 않고 이를 갈아도 마치 마취한 것처럼 고통을 느낄 수 없어요. 하지만 사람에게는 영혼이 있고 의식이 있으니까 마취하지 않고 이를 갈면 극심한 고통을 느끼죠. 의식은 동물 정기와 솔방울샘의 의식 없는 움직임을 영혼이 이차로 수용할 때 생기니까 요즘 말로는 고차 사유라 할 수 있겠네요.

얼 네. 의식에 대한 데카르트 선생님의 견해는 현대식으로 해석하면 의식을 고차 사유로 보는 견해와 가까운 듯합니다. 반면 다윈 선생님은 의식되지 않는 경험을 인정하지 않는 듯하니까 의식을 일차 표상으로 보는 견해와 가까운 것 같습니다.

다윈 글쎄요. 의식 문제는 제가 깊이 생각해 보지 않아서 쉽게 대답하기 어렵군요. 하지만 지금까지 제가 말했듯이 동물도 사람처럼 고통을 느끼고 의식이 여러 단계를 거쳐 진화했으며 개도 마음 이론을 지닌다는 데 비춰 보면 의식의 기원은 복잡한 것이라기보다 단순한 것이라고 봐야 할 듯해요. 그렇다면 경험이 바로 의식을 동반한다는 견해, 의식을 일차 표상으로 보는 견해가 옳다고 생각합니다.

〈그랑블루〉와 〈정글 속의 고릴라〉

얼 마지막으로 영화 〈그랑블루〉와 〈정글 속의 고릴라〉에 대한 두 선생님의 관람평을 들어 보겠습니다. 영화 보셨죠? 다윈 선생님, 어떻게 보셨습니까?

다윈 〈그랑블루〉는 암컷 큰돌고래가 사람인 자크에게 공감할 수 있느냐는 문제를 던지죠? 자크가 돌고래에게 사랑을 느끼면 돌고래도 자크에게 사랑을 느끼고 자크가 슬픔을 느끼면 돌고래도 같이 슬픔을 느끼는 것이 공감이에요. 동물은 공감 능력을 보이는 경우도 있고 보이지 않는 경우도 있어요. 예를 들어 개가 주인을 때린 사람을 공격하게 만드는 것은 공감이라고 봐요. 우리 속에 갇힌 개코원숭이에게 벌주려고 다가가면 다른 개코원숭이들이 동료를 지키려고 하는 것도 공감에서 비롯한다고 생각해요.

얼 다윈 선생님, 〈정글 속의 고릴라〉에는 동물의 이성과 관련해 고릴라의 마음 이론을 볼 수 있는 장면이 나오는데요. 고릴라가 포시에게 똥을 선물하는 장면이죠.

다윈 〈그랑블루〉에서 사람과 돌고래가 사랑의 감정을 공감하는 것은 서로 사랑의 감정을 가지고 있다는 걸 알아야 가능하죠. 개는 맞은 주인이 느끼는 분노의 감정을 공유하고, 개코원숭이들은 벌 받을 동료가 가진 두려움의 감정을 공감한다고 볼 수 있어요. 또 〈정글 속의 고릴라〉에서 고릴라도 포시의 마음을 읽을 줄 알고요. 자기네 똥에 관심이 많다는 포시의 마음을 읽었으니까 똥을 선물하는 거죠.

얼 다윈 선생님은 개, 돌고래, 개코원숭이, 고릴라 등 포유류 동물이 공감 능력과 마음 이론을 지닌다고 보시는군요.

다윈 네. 저는 이런 동물을 사회 동물이라고 보는데요. 무리를 지어 사는 사회 동물은 사회본능이 발달했어요. 사회 동물은 계속 무리 지어 함께 살기 위해서 공감 능력을 발달시켰을 겁니다. 무리를

"무리를 지어 사는 사회 동물은 계속 함께 살기 위해서
공감 능력을 발달시켰을 겁니다."
_다윈

지어 살려는 본능이 사회본능인데 이 본능도 진화의 산물이라 할 수 있죠. 사회본능과 공감 능력 가운데 어느 게 먼저 진화했는지는 알기 어려워요. 아마 둘은 서로 영향을 주고받으며 진화했을 거예요. 그러나 분명한 것은 사회본능과 공감 능력도 진화의 산물이니까 사람에게서 갑자기 나타나진 않았다는 거죠.

얼 사회본능이라고요? 또 어려운 개념이 등장했군요. 사회본능도 요즘 사회생물학 연구 덕분에 주목받고 있는 주제입니다. 개미, 벌, 일벌 같은 사회성 곤충을 비롯해 포유류 동물과 사람까지 집단을 이루어 사는 동물의 사회본능과 이타 행동을 어떻게 이해해야 하는지가 중요한 문제죠. 대화를 깊이 나눌수록 숙제만 쌓이는 것 같네요. 데카르트 선생님, 영화 어떻게 보셨어요?

데카르트 저는 동물에게 마음 읽는 능력은 없다고 보고 행동 읽는 능력은 있다고 봐요. 〈그랑블루〉에서 돌고래의 행동은 자크라는 사람의 마음을 읽지 않고 행동만 읽어도 설명할 수 있어요. 돌고래는 자기를 바다에 풀어 준 자크의 행동을 보고 자크에 대한 의식 없는 사랑의 정념을 점프나 입맞춤으로 표현한 것이라고 볼 수 있어요. 〈정글 속의 고릴라〉에서 고릴라가 똥을 선물하는 것도 포시가 고릴라 똥을 열심히 수집하는 것을 봤기 때문이죠. 포시의 행동을 본 것이지 포시의 마음을 읽은 게 아니에요. 만일 고릴라가 바나나를 열심히 수집하는 포시의 행동을 봤다면 바나나를 선물했을 수도 있지만 자기 먹이가 줄어드니까 바나나는 절대 선물하지 않았을 수도 있어요.

얼 영화에서 돌고래와 고릴라의 행동은 자기 마음의 어떤 의도나 남의 마음에 대한 앎 없이도 설명할 수 있다는 뜻이죠?

데카르트 네. 요즘 과학에서는 틀렸다고 하지만 동물 정기와 솔방울샘만 있으면 돌고래와 고릴라의 모든 행동을 영혼의 기능인 의식적 마음 능력 없이 설명할 수 있어요.

얼 동물 정기와 솔방울샘의 기능에 대한 데카르트 선생님의 견해는 요즘 과학에 비춰 보면 틀렸지만 그렇다고 해서 동물의 모든 행동을 마음 능력 없이 설명하려는 데카르트 선생님의 시도가 틀렸다고 할 순 없겠어요. 현대의 동물 과학에서도 이런 시도는 살아 있는 것 같습니다.

데카르트 좋습니다. 그럼 이제 저에 대한 동물 보호론자들의 오해가 조금 풀렸을까요?

얼 글쎄요. 동물 보호론자들은 동물이 도살당할 때 고통을 느끼지 못한다고 보는 데카르트 선생님의 견해에는 동의하지 않을 겁니다. 하지만 선생님께서 동물이 고통을 느끼는데도 생체 실험을 주장했다고 보는 건 오해죠. 이 오해는 이제 풀릴 것 같습니다. 선생님은 동물이 고통을 느끼지 못하니까 생체 실험을 해도 된다고 생각하신 거죠.

다윈 저도 한 가지 오해를 풀고 싶은데요. 저는 동물에게도 마음 능력이 있다고 생각하지만 사람의 마음 능력과 동물의 마음 능력은 다르다는 것을 충분히 인정해요. 앵무새가 말을 아무리 잘해도 두세 살 아이 수준을 넘어서기 어렵죠. 개가 사람의 마음을 아무리 잘 읽어도 사람처럼 남의 마음을 미세하게 읽을 순 없고요. 또 고릴라나 침팬지는 사람처럼 자신이 어디서 와서 어디로 가며 삶은 무엇이고 죽음은 무엇인지 고민하는 자의식을 가질 수 없어요. 제가 사람과 동물의 마음 능력 차이를 인정하지 않는다는 오해는 하지 않으면 좋겠어요.

얼 두 선생님의 말씀은 철학의 오랜 화두를 떠올립니다. 사람과 동물의 공통점과 차이점이 그 화두입니다. 세 번에 걸친 대화에서 사람과 동물의 경계선은 의식, 문법, 마음 이론 등을 중심으로 어렴풋이 형성된 것 같은데요. 그럼에도 많은 질문이 숙제로 남을 것 같습니다.

지금까지 독자들을 위해 어려운 내용을 쉽게 풀이해 주시느라 애쓰셨습니다. 그래도 여전히 어렵긴 하지만요. 그동안 대화에 참여해 주신 데카르트 선생님과 다윈 선생님께 깊이 감사드립니다. 안녕히 계십시오.

놀면서
철학 공부하는 법

"철학은 쉽고 재미있다."

저는 이 말을 증명하고 싶었어요. 고민하던 참에 철학 나들이라는 아이디어가 떠올랐어요. '영화관 철학 나들이'라는 이름을 걸고 학생들과 함께 전주 영화제에 갔습니다. 또 '자연 철학 나들이'라는 이름으로 국립서울과학관(현 국립어린이과학관) 자연사 전시실과 서대문자연사박물관도 찾았어요. 철학 나들이를 좀 더 확장해 보고 싶었습니다. 스포츠 철학 나들이, 음악 철학 나들이, 문화 철학 나들이, 성 철학 나들이, 역사 철학 나들이 등등 모든 분야에서 나들이를 기획할 수 있었습니다. 그리고 혼자 또는 함께 놀러 다녔어요. 다음은 몇 가지 철학 나들이 보고서의 일부입니다.

1. 영화관 철학 나들이

〈매트릭스〉1999~2003와
소크라테스의 "너 자신을 알라"

영화관은 정말 철학하기 좋은 장소입니다. 철학을 담지 않은 영화는 단언컨대 없기 때문입니다. 인공지능 기계신이 지배하는 세상에서 저항군의 인간 해방 투쟁을 그린 〈매트릭스〉 시리즈는 소크라테스의 유명한 말, "너 자신을 알라"의 의미를 엿볼 수 있는 영화예요.

〈매트릭스〉는 새 메시아를 상징하는 주인공의 이름 '네오Neo'에서 보이는 것처럼 기독교 냄새가 짙은 영화지만 그리스 신화의 코드도 있어요. 예언자인 '오라클Oracle'의 이름은 '신탁'이라는 뜻이에요. 신탁은 고대 그리스 도시 국가의 시민이 신전을 순례하면서 무녀를 만나 주로 자신의 운명에 관해 묻고 대답을 듣는 것을 의미해요. 영화에서 오라클이 여성으로 설정된 것은 정확해요. 〈매트릭스〉의 감독 릴리 워쇼스키와 라나 워쇼스키는 어느 인터뷰에서 신화를 재현해 보고 싶었다고 말했어요.

"너 자신을 알라"라는 말은 소크라테스가 사용하긴 했지만 만든 건 아녜요. 고대 그리스 델포이 신전의 돌판에 적혀 있던 말이에요. 〈매트릭스〉에서는 오라클의 부엌 문 위에 적혀 있죠.

그러니까 "너 자신을 알라"는 심오한 뜻 이전에 신전의 무녀에게 너의 운명에 관해 물어보고 대답을 들으라는 뜻이에요. 무녀는 환각 상태에서 대답해 주죠.

신화는 인류 최초의 문화예요. 원시 시대의 문화죠. 원시 부족은 어김없이 자기 부족의 신화를 가지고 있어요. 원시인은 자기 부족의 신화를 환각으로 체험하고 마을 어른에게 보고해요. 그러면 어른이 그 체험을 해석해 주고 청년은 부족 성원으로서 평생 해야 할 일을 깨닫죠. 중요한 건 신화를 환각으로 체험한다는 거예요. 〈매트릭스〉를 보세요. 저항군이 사이버 공간인 매트릭스에서 경험하는 건 모두 환각이에요. 실제론 저항군의 전함에서 마치 꿈꾸듯이 누워 있죠. 네오는 환각 상태에서 오라클의 부엌을 찾아 신탁을 받아요. 자기가 새 메시아인지 묻죠. 오라클이 미안하다고 대답하면서도 스스로 알 거라고 여지를 남겨요. "너 자신을 알라"는 거예요.

2. 거리 철학 나들이

패션 철학과
보드리야르의 '나르시시즘'

비디오 아티스트 백남준은 죽기 전에 길거리를 돌아다니며 여성들의 배꼽을 관찰했다고 합니다. 백남준이 배꼽과 관련한 작품을 남기지 않아서 무슨 영감을 얻었는지 알 수 없지만 예술가니까 옷차림이나 노출에 관한 어떤 미학을 상상하지 않았을까요? 패션에도 철학이 있습니다. 배꼽을 노출하는 옷을 입는 사람들의 심리는 철학자 장 보드리야르Jean Baudrillard에 따르면 내 몸에 대한 나르시시즘narcissism입니다.

나르시스는 그리스 신화에 나오는 소년입니다. 나르시스는 물에 비친 모습이 미처 자기인 줄 모르고 깊이 사랑하다 물속에 따라 들어가 죽어요. 나르시스가 있던 자리에 피어난 꽃이 수선화죠. 나르시시즘은 자기를 사랑하는 것을 의미합니다.

보드리야르에 따르면 현대인은 여성이든 남성이든 자기 몸에 대한 나르시시즘을 가지고 있습니다. 몸은 재산입니다. 재산은 관리하고 증식해야 해요. 몸은 관리하고 투자하고 더 나은 모습으로 만들어야 할 대상이죠. 몸을 관리하지 않고 몸에 투자하지 않고 몸을 망가진 모습으로 만드는 사람은 손가락질을 받습니다. 다이어트, 성형, 패션 유행의 열풍이 부는 것은 모두 자기 몸을 가꾸고 자기 몸에 투자하는 내 몸에 대한 나르시시즘이라 할 수 있습니다.

길거리에서 사람들의 모습을 보면 보드리야르가 말한 내 몸에 대한 나르시시즘을 느낄 수 있어요. 블루진은 언제나 유행하는 패션이지만 올해는 통이 넓고 배를 덮는 스타일이 유행하고 있습니다. 그 블루진을 입은 멋진 모습을 보이기 위해 다이어트하는 사람이 자기 몸을 얼마나 사랑하는지 짐작할 수 있어요. 성형으로 눈을 키우고 코를 높이고 턱을 깎는 사람들도 자기 몸에 투자하는 나르시시즘을 보여 주죠. 배꼽을 노출하는 사람들도 자신 있게 배를 노출하기 위해 밥을 굶고 땀을 흘렸을 것입니다. 백남준이 배꼽을 열심히 관찰하면서 생각한 것도 내 몸에 대한 나르시시즘이 아니었을까요?

3. 경기장 철학 나들이

산티아고 베르나베우와
칸트의 '아름다움'

스포츠 경기장도 철학하기 딱 좋은 곳입니다. 스페인의 유명한 축구 팀 레알 마드리드의 경기장 '산티아고 베르나베우'에서 경기를 본 적이 있습니다. 스포츠 경기장에서 많은 팬과 함께 박수 치고 소리 지르며 응원하다 보면 항상 드는 의문이 있어요. 왜 이렇게 팬들은 스포츠에 열광할까요? 철학자 임마누엘 칸트에게 물어보면 어떤 이해관계와도 무관하기 때문이라고 대답합니다.

아름다움은 미학의 핵심 개념이에요. 칸트는 아름다움을 느끼는 감정에는 어떤 이해관계와도 무관하다는 특징이 있다고 말합니다. 예를 들어 길에서 멋진 사람을 보고 "뷰티풀Beautiful!"이라고 탄성을 내뱉는 것은 이해관계가 있을 수도 있어요. 그 멋진 사람과 사귀고 싶다는 바람이 이해관계죠. 그러나 적어도 탄성을 내뱉는 그 순간만큼은 이해관계가 끼어들지 않습니다. 아무 이해관계도 없이 탄성이 터져 나오죠.

경기장에서 팬들이 열광하는 것도 이해관계와 무관하다고 볼 수 있습니다. 팬들은 박수 치고 소리 지르며 응원한다고 해서 어떤 수익도 얻지 못합니다. 오히려 자기 돈 내고 표를 사서 응원하죠. 프로 선수는 돈이 강한 동기 부여가 됩니다. 그러나 경기가 한창인 와중에 계약서를 생각하는 선수는 거의 없죠. 이권을 잊고 경기에 몰두하는 선수의 모습도 아름답고 돈을 주는 것도 아닌데 열렬히 응원하는 팬들의 모습도 아름답습니다. 모두 이해관계와 무관하기 때문에 아름답죠.

저도 팬들이 왜 이렇게 열광하는지는 경기를 보면서 생각하진 않습니다. 경기를 볼 때는 철학하려는 이해관계를 접어 두고 경기에 몰입합니다.

4. 스마트폰 철학 나들이

스마트폰과
매클루언의 "미디어는 인간의 확장이다"

초기에 휴대폰은 군용 무전기 같았어요. 음성 통화 기능만 있었죠. 요즘 스마트폰은 음성 송수신만이 아니라 문자, 동영상, 인터넷, 사진 촬영, 신용 결제 등등의 기능도 갖추고 있어요. 어디에서나 사용할 수 있죠. 휴대폰 기능의 진화를 보면 미디어학자 마셜 매클루언Marshall McLuhan의 "미디어는 인간의 확장이다"라는 말이 떠올라요.

미디어라는 개념은 전화기, 텔레비전 같은 의사소통 매체로 좁게 쓸 수도 있지만 매클루언은 과학기술의 산물인 모든 기계를 가리키는 넓은 뜻으로 씁니다. 모든 기계는 인간의 확장이라는 뜻이죠. 예를 들어 옷은 살의 확장이고 안경은 눈의 확장이며 자동차는 다리의 확장이고 스마트폰은 뇌의 확장이죠. 뇌가 있어야 말도 주고받고 문자, 동영상, 인터넷, 사진 촬영, 신용 결제도 가능하니까 스마트폰은 뇌의 확장이죠.

매클루언은 더 나아가 기계의 자율성을 주장해요. 우리는 보통 기계가 사람에게 종속된 도구라고 생각하죠. 과연 그럴까요? 휴대폰의 진화를 보면 과학기술자들이 열심히 경쟁하면서 새 기능을 갖춘 휴대폰들이 속속 등장했다고 말할 수 있어요. 그러나 매클루언은 이 말을 뒤집어요. 휴대폰은 항상 우리를 유혹했어요.

'이동하면서 전화할 수 있게 해 줄까?'

'문자도 보낼 수 있게 해 줄까?'

'사진도 찍고 인터넷도 할 수 있게 해 줄까?'

우리는 언제나 휴대폰의 유혹에 넘어갔고 과학기술자들은 이 유혹을 실현해 줬다고 볼 수도 있어요. 그럼 사람이 기계의 주인이 아니라 기계가 사람을 유혹하는 주인이라고 뒤집어 볼 수도 있죠. 스마트폰은 앞으로도 계속 사람들을 유혹할 거예요.

'스마트폰으로 무더위를 날려 줄까?'

'스마트폰으로 수명을 늘려 줄까?'

참고문헌

· 김기범 지음, '동물들도 자폐증을 앓는다', 〈경향신문〉, 2013.10.6.

· 김성환 지음, 《동물 인지와 데카르트 변호하기》, 지식노마드, 2016.

· 김재인 지음, 《인공지능의 시대, 인간을 다시 묻다》, 동아시아, 2017.

· 다이앤 포시 지음, 최재천 외 옮김, 《안개 속의 고릴라》, 승산, 2007.

· 디 실버톤 지음, 고영규 외 옮김, 《인체생리학》, 라이프사이언스, 2011.

· 로버트 윌리스·제럴드 샌더스·로버트 펄 지음, 이광웅 외 옮김, 《생물학》, 을유문화
  사, 1993.

· 베른트 하인리히 지음, 최재경 옮김, 《까마귀의 마음》, 에코리브르, 2005.

· 사이 몽고메리 지음, 최로미 옮김, 《문어의 영혼》, 글항아리, 2017.

· 스티븐 핑커 지음, 김한영 외 옮김, 《언어 본능》(전2권), 그린비, 1998.

· 오창영 지음, 《오창영 동물기》, 창조사, 1972.

· 게이비 우드 지음, 김정주 옮김, 《살아 있는 인형》, 이제이북스, 2004.

· 재러드 다이아몬드 지음, 김정흠 옮김, 《제3의 침팬지》, 문학사상사, 2015.

· 제인 구달 지음, 최재천 외 옮김, 《인간의 그늘에서》, 사이언스북스, 2001.

· 프란스 드 발 지음, 김희정 옮김, 《영장류의 평화 만들기》, 새물결, 2007.

· 찰스 다윈 지음, 김관선 옮김, 《인간의 유래》(전2권), 한길사, 2006.

· 찰스 다윈 지음, 최원재 옮김, 《인간과 동물의 감정 표현에 대하여》, 서해문집, 1998.

A. Kenny, *Descartes' Philosophical Letters*. Oxford: Clarendon Press, 1970.

A. Tschudin, "Belief Attribution Tasks with Dolphins: What Social Minds Can Reveal about Animal Rationality." in Hurley, S. and Nudds, M. (Eds.), *Rational Animals?* Oxford: Oxford University Press, 413~436, 2006.

B. Hare et al., "Chimpanzees Deceive a Human by Hiding". *Cognition 101*, 495~514, 2006.

C. Darwin, *The Descent of Man and Selection in Relation to Sex*. New York: Hurst & Company Publishers, 1993.

C. Darwin, *The Expression of the Emotions in Man and Animals*. Oxford: Oxford University Press, 1998.(《인간과 동물의 감정 표현》)

D. DeGrazia, "Self-awareness in Animals" in R. Lurz, *The Philosophy Animal Minds*, Cambridge: Cambridge University Press, 201~217, 2009.

D. Povinelli and S. Giambrone, "Inferring Other Minds: Failure of the Argument by Analogy." *Philosophical Topics 27*, 167~201, 2000.

E. Camp, "A Language of Baboon Thought?" in R. Lurz, *The Philosophy Animal Minds*, Cambridge: Cambridge University Press, 108~127, 2009.

E. Pepperberg, *The Alex Studies: Cognitive and Communicative Abilities of Grey Parrots*. Cambridge, MA: Harvard University Press, 1999.

F. Bacon, *Novum Organum*, in R. Hutchins, ed., *Great Books of the Western World*, London: Encyclopaedia Britannica, Inc., 1952.

G. Johnson, "Chimp Talk Debate: Is It Really Language?", *The New York Times*, 1995.

I. Pepperberg and S. Lynn, "Possible Levels of Animal Consciousness with Reference to Grey Parrots (Psittacus erithacus)", *American Zoology 40*, 893~901, 2000.

J. Wood, and K. Jackson, "Introduction to: Why Cephalopods Change Color", The Cephalopod Page. http://www.thecephalopodpage.org/, 2004.

M, Tomonaga, Y. Uwano, S. Ogura and S. Saito, "Bottlenose Dolphins' (Tursiops truncatus) Theory of Mind as Demonstrated by Responses to their Trainers," *Attentional States International Journal of Comparative Psychology, 23*, 386~400, 2010.

R. *Descartes, Meditations on First Philosophy,* in *The Philosophical Writings of Descartes*, trans. by J. Cottingham, R. Stoothoff, D. Murdoch, Cambridge: Cambridge University Press, 2 Vols., Vol. II, 1984.(《성찰》)

R. Descartes, *Discourse on the Method, in The Philosophical Writings of Descartes*, trans. by J. Cottingham, R. Stoothoff, D. Murdoch, Cambridge: Cambridge University Press, 2 Vols., Vol. I. pp.109~175, 1985a.(《방법서설》)

R. Descartes, *The Passions of the Soul, in The Philosophical Writings of Descartes*, tr. by J. Cottingham, R. Stoothoff, D. Murdoch, Vol. I. 325~404, 1985b.(《정념론》)

S. Savage-Rumbaugh, *Ape Language: From Conditioned Response to Symbol*. New York: Columbia University Press, 1986.

S. Savage-Rumbaugh and R. Lewin, *Kanzi: The Ape at the Br()ink of the Human Mind*. New York: John Wiley & Sons, 1996.

T. Nagel, "What Is It Like to Be a Bat?" *The Philosophical Review 83*, 435~450, 1974.

교과 연계

찾아보기

동물원에서 시작하는 사회탐구

초판 1쇄 인쇄 2019년 9월 27일
초판 1쇄 발행 2019년 10월 7일

지은이   김성환
펴낸이   김한청

책임편집 박윤아
디자인   김경년
마케팅   최원준, 최지애
펴낸곳   도서출판 다른

출판등록 2004년 9월 2일 제2013-000194호
주소   서울시 마포구 동교로27길 3-12 N빌딩 2층
전화   02-3143-6478
팩스   02-3143-6479
이메일   khc15968@hanmail.net
블로그   blog.naver.com/darun_pub
페이스북 /darunpublishers

ISBN   979-11-5633-266-4 43100